L'apparato didattico in fondo al volume è a cura di Anna Bonel.

www.ragazzimondadori.it

Prima edizione luglio 2017
Stampato presso ELCOGRAF S.p.A.
Via Mondadori, 15 - Verona
Printed in Italy
ISBN 978-88-04-67774-1

ROBERTO PIUMINI

Shakespeare in versi

Illustrazioni di Giulia Tomai

MONDADORI

Romeo e Giulietta

Prologo

Benvenuti in questo libro-teatro, dove potrete leggere, magari ad alta voce (è più divertente!), tre storie scritte dal grande William Shakespeare. Sono storie d'amore perché, fin dall'antichità, l'amore è stato la materia preferita del teatro, pieno com'è di desideri, speranze, dolcezze, fuoco, paura, e anche di dolore. Sono scritte in gran parte in versi, perché la poesia è adatta a descrivere i fatti, le emozioni, i dialoghi d'amore: quelli intensi, quelli scherzosi, quelli lieti e (non è sempre festa) quelli tristi. La prima storia è ambientata in Italia, ai tempi in cui lo Stato italiano non esisteva, ancora diviso in potentati, repubbliche, comuni. Una delle signorie più influenti dell'Italia settentrionale, all'inizio del 1300, era quella di Cangrande della Scala, signore di Verona. Cangrande lottò contro i potenti esterni, ma anche all'interno della città, e s'occupò della pace cittadina perché, come in molte città di allora, anche a Verona c'erano fazioni in lotta per questioni di potere, interessi o vecchie rivalità. Correva spesso il sangue, nelle vie cittadine, e il peggior risultato di quelle inimicizie era che, oltre alle vite, qualche volta uccidevano gli amori.

Capuleti,
padre di Giulietta e capo della casata
Frate Lorenzo
Capuleti,
madre di Giulietta
Nutrice,
balia di Giulietta
Giulietta
Cangrande,
signore di Verona
Paride,
pretendente di Giulietta
Tebaldo,
cugino di Giulietta

Montecchi,
madre di Romeo
Baldassarre,
servitore di Romeo
Montecchi,
padre di Romeo e capo della casata
Frate Giovanni
Romeo
Benvolio,
cugino di Romeo
Mercuzio,
amico di Romeo
Speziale

SCENA PRIMA

NARRATORE 1
Ecco Verona, città bella e ricca,
sull'Adige dall'acqua fresca e pura,

NARRATORE 2
fiore-città che magnifica spicca
nel verde vivo della gran pianura,

NARRATORE 3
coi suoi palazzi ornati, le sue strade,
piazze, fontane, splendidi giardini,
e altre...

NARRATORE 1
... ma, sentite! Cosa accade?
Cosa sono questi urli assassini?

NARRATORE 2
Chi è la gente rabbiosa e affannata
che si insulta, si picchia e bastona?

NARRATORE 3
Chi sporca e offende la pace beata
della città? Chi insanguina Verona?

*(rissa violenta fra Montecchi e Capuleti.
Stop e silenzio)*

CORO
*Gente infelice,
gente feroce.*

Non sei capace?
Non sai la pace?

(riprende la rissa)

SCENA SECONDA

CANGRANDE
Montecchi! Capuleti! Due famiglie
che per ricchezza e per antichità
potreste essere le meraviglie
di questa nostra splendida città,
da anni, invece, ostinate nemiche,
per reciproco odio, voi macchiate
col vostro sangue queste pietre antiche,
e in fronte al mondo ci disonorate!
Io dico: basta. Da questo momento,
proibisco a voi, Montecchi e Capuleti,
ogni litigio e ogni combattimento:
chi non rispetterà i miei divieti,
chi fra di voi farà qualche violenza
sarà esiliato da questa città,
e mai, per la sua intera esistenza,
mai più, qui a Verona, tornerà!

SCENA TERZA

MONTECCHI PADRE
Hai notato, moglie? Nostro figlio
in questi giorni è triste, silenzioso…

MONTECCHI MADRE
Non sta in compagnia, non vuol consiglio,
oppresso da un pensiero misterioso.

MONTECCHI PADRE
Che cosa strana: noi Montecchi abbiamo
una natura allegra, un buon umore…

MONTECCHI MADRE
Dei giovani, marito, che sappiamo?
Hanno certi grovigli, dentro il cuore!

MONTECCHI PADRE
Viene Benvolio, guarda: nel suo nome,
e nel suo viso, è scritto il buon volere:
gli parlerà, e forse saprà come
ridargli un po' di gioia e di piacere.

(escono)

BENVOLIO
Salute, buon Romeo, e buon mattino!

ROMEO
È ancora così presto, buon cugino?

BENVOLIO
Già suonate le nove!

ROMEO

La tristezza,
come allunga le ore!

BENVOLIO

E qual è quella
che allunga le tue? Forse un amore?
Una ragazza che il tuo cuore spezza?

ROMEO

Non è ragazza: è una donna bella,
che non mi vuole, e che si nasconde.

BENVOLIO

Chi è, la gran bellezza?

ROMEO

Rosalina.

BENVOLIO

L'amore è cieco, e la vista confonde!
Sì, sì, belluccia, questa tua signora,
ha bei capelli, ha la faccia fina,
ma Verona ne ha più belle ancora!

ROMEO

Non sai, cugino mio, che per chi ama,
ogni bellezza una sola richiama?

BENVOLIO

Vieni dai Capuleti, questa sera:
danno una festa, e certo lì vedrai
se quel che dico è cosa falsa o vera!

ROMEO
Dai Capuleti? Dai nostri nemici?

BENVOLIO
Ma è una festa in maschera: chi sa
distinguere i nemici dagli amici,
se a ballare e a ridere si sta?

ROMEO
Verrò, cugino, ma il mio cuore duro
non mi si scioglierà, stanne sicuro!

SCENA QUARTA

(la nutrice pettina Giulietta.
Entra la madre)

CAPULETI MADRE
Nutrice, va', lasciaci un poco sole...
Ma no, resta anche tu ad ascoltare,
così, più tardi, sulle mie parole
ragionerete insieme, perché pare,
a volte, che mia figlia ti dia retta
più che a me...

NUTRICE
Mia piccola Giulietta!
Quattordici anni fra due settimane!
Mi sembra ieri quando ti ho allattata,
la sola gioia che ormai mi rimane
sarebbe di vederti ben sposata!

CAPULETI MADRE

Proprio di questo volevo parlare.
È ora che tu pensi, figlia mia,
a quello che ogni donna deve fare,
a essere una sposa…

GIULIETTA

Mamma, via!
Il matrimonio? Proprio non mi va!
Lo vedi, sono una bambina, ancora!

CAPULETI MADRE

Giulietta, che sciocchezze! Alla tua età
io ero già una moglie e, a quest'ora,
ragazze come te hanno un marito!
E dunque sappi che c'è, qui a Verona,
un giovane di rango, bello, ardito,
di ricca e nobilissima persona,
che ti ha notata e, di te invaghito,
ti chiede in moglie: Paride è il suo nome.

NUTRICE

Oh, sì! Un gran bell'uomo, alto, robusto,
un uomo…

CAPULETI MADRE

Su, non stare a dirci come,
nutrice, quanto lui sia di tuo gusto!
Giulietta, questa sera, alla festa,
lui ci sarà, e lo potrai osservare,
e, se ti piacerà, a noi non resta
che dirgli sì.

GIULIETTA

Lo farò: e se guardare,
madre, può fare nascere un amore,
dirò di sì, e gli darò il mio cuore.

SCENA QUINTA

BENVOLIO

Romeo, Mercuzio, avanti!

MERCUZIO

Ma, Benvolio...

BENVOLIO

Andiamo! Solo io so chi tu sei,
e tu chi sono io: come nell'olio,
tutti lisci e felici, nuoteremo!

ROMEO

Oppure, come pesci, io direi,
nell'olio, tutti fritti, friggeremo!

BENVOLIO

Romeo, non ti scordare che tu sei,
fra noi, il più coraggioso.

ROMEO

Ma io fiuto
cose tremende nell'aria, cugino...

BENVOLIO
Cose tremende? Musiche, bellezze,
sorrisi compiacenti, danze, vino…
Restate pure qui: io vi saluto!

MERCUZIO
Entriamo anche noi: le tue tristezze,
Romeo, hanno bisogno di allegria.

ROMEO
Entriamo, e se è una festa, festa sia!

SCENA SESTA

TEBALDO
Zio, devo dirti una parola urgente!

CAPULETI PADRE
Che c'è, Tebaldo? Forse questa festa
ti sta annoiando?

TEBALDO
No, buon zio, per niente,
ma ho un certo pensiero nella testa
per farla ancor più bella…

CAPULETI PADRE
Parla, allora.

TEBALDO
Vedi quei tre, laggiù, ben mascherati?
I volti son nascosti sotto i becchi,
ma non le voci, e io li ho ascoltati:
Romeo, Mercuzio e Benvolio Montecchi!

CAPULETI PADRE
Ne sei sicuro, nipote?

TEBALDO
Sicuro,
e sono pronto a prendere uno spiedo
per infilzarli tutti contro il muro,
tre tordi che in gabbia son cascati!

CAPULETI PADRE
Non lo farai, Tebaldo: io li vedo
quieti e galanti, alla nostra festa,
e dunque, anche se non invitati,
sono ospiti. Tu, sgombrati la testa
dai pensieri violenti: mi hai capito?

TEBALDO
A malincuore, zio, sarai obbedito…

SCENA SETTIMA

ROMEO
Di chi è quella luce, amico mio,
così forte che non si può vedere?

Non dirlo: vado, glielo chiedo io,
tortora bianca fra cornacchie nere!

(a Giulietta) Se la mia mano offende la tua mano,
toccandola, io chiederò perdono,
con un mio bacio.

GIULIETTA

Non pentirti invano:
anche i santi hanno mani, e unite sono
in baci di preghiere.

ROMEO

Sia esaudita
la mia preghiera: un bacio!

GIULIETTA

Ferma lì,
statua vivente, allungo le mie dita,
e, alla tua preghiera, dico sì.

(Romeo le bacia la mano)

NUTRICE
Giulietta, corri, tua madre ti vuole!

(a Romeo) Attento, tu, Montecchi mascherato!

ROMEO
Spiegami, donna, queste tue parole...

NUTRICE
Poiché una Capuleti hai baciato,
meglio sarebbe aver baciato il fuoco!

ROMEO
Così io devo, adesso, la mia vita
a una nemica? Che crudele gioco!

BENVOLIO
Vieni, Romeo: la festa è finita.

GIULIETTA
Chi era quello che un po' troppo in fretta
va via?

NUTRICE
Romeo Montecchi, a quanto pare.

GIULIETTA
Montecchi? Ahi, povera Giulietta,
il tuo peggior nemico devi amare!

SCENA OTTAVA

MERCUZIO

Romeo, andiamo!

BENVOLIO

Romeo, dove sei?

MERCUZIO

Romeo, ti sei nascosto?

BENVOLIO

Vieni fuori!

MERCUZIO

Non esce.

BENVOLIO

Non son fatti tuoi, o miei,

MERCUZIO

non sono fatti nostri, gli altrui amori.

(escono.
Giulietta appare al balcone.
Romeo si nasconde)

CORO

Attenti, attenti, amori,
attenti ai tempi duri,
attenti ai tempi amari,
attenti ai tempi neri.

ROMEO

Ecco il sole che uccide la luna!
Se lei sapesse che non son lontano!
Ecco, si accarezza… Che fortuna
sarebbe, se io fossi la sua mano!

GIULIETTA

Perché tu sei Romeo, mio amore?
Rinnega il padre, e scegli il mio cuore!

ROMEO

Per te, ormai, il mio nome mi è odioso!

GIULIETTA

Sei qui, Romeo? È pericoloso!

ROMEO

Sei tu pericolosa, mia gioia:
se non mi ami, lascia che io muoia!

GIULIETTA

Ti amo… Forse sono troppo ardita?

ROMEO

Se non lo fossi, perderei la vita.

NUTRICE

Che fai lì fuori al buio, Giulietta?

GIULIETTA

Vado, amore mio, sono chiamata,
ma aspettami, ritorno…

ROMEO

Torna in fretta!

GIULIETTA

Eccomi, amore. Io ti manderò
un messaggero, presto, e gli dirai
il luogo e il momento, e io verrò,
ti sposerò…

ROMEO

e tu mi sposerai.

GIULIETTA

Sì, buonanotte.

ROMEO

No, notte cattiva,
perché ci allontana.

GIULIETTA

Va', amore!
La luna cala, presto il sole arriva…

ROMEO

La pace baci i tuoi occhi e il tuo cuore!

SCENA NONA

ROMEO
Frate Lorenzo, una buona giornata!

FRATE LORENZO
Già sveglio, buon Romeo? O forse, temo,
sei stato sveglio tutta la nottata?

ROMEO
Sì, per la gioia, padre: ancora tremo…

FRATE LORENZO
Dio ti perdoni: eri con Rosalina?

ROMEO
Con chi? No, un'altra, padre, mi ha ferito,
e io ho ferito lei, e la medicina
puoi darla solo tu. Mi hai capito?

FRATE LORENZO
Per niente.

ROMEO
Io e Giulietta Capuleti
ci siamo innamorati, padre mio.

FRATE LORENZO
Figliolo…

ROMEO
Occorre che, in modi segreti,
ci sia la benedizione di Dio.

FRATE LORENZO
Sposi segreti, Romeo? Così presto?

ROMEO
Già è tardi, per noi. Ma ascolta il resto…

(escono parlando)

SCENA DECIMA

MERCUZIO
Eccoti, finalmente!

BENVOLIO
Ma dov'eri?

ROMEO
Affari importanti, amici miei.

BENVOLIO
Li hai scritti chiari in faccia, i tuoi pensieri,

MERCUZIO
e si leggono bene: lei, lei, lei!

NUTRICE
Buongiorno a voi.

MERCUZIO
E a voi, bella madama.

BENVOLIO
Noi andiamo, Romeo.

ROMEO
Io vengo dopo.

BENVOLIO
È mezzogiorno, e il pranzo ci chiama,

MERCUZIO
come, andando al cacio, disse il topo!

NUTRICE
Che strano tipo!

ROMEO
Hai ragione, nutrice,
gli piace ascoltarsi e, di parole,
una ne ascolta e trecento ne dice.
Ma ora dimmi, come sta il mio sole?

NUTRICE
Non ti comporterai male, con lei?

ROMEO
Dille che, questo pomeriggio, vada
da fra' Lorenzo, per la confessione.
Tu, poi, aspetterai sulla strada
e prenderai dal mio servo Simone,
che sarà là, una scala di corda,
con cui stanotte salirò al mio amore.
Da fra' Lorenzo, alle quattro, ricorda!

NUTRICE
Dio ti benedica, buon signore!
Ma io ti prego, non farla infelice!

ROMEO
Come potrei, se lei mi fa felice?

SCENA UNDICESIMA

GIULIETTA
Nutrice, finalmente sei arrivata!

NUTRICE
Aspetta… un momento, figlia mia…

GIULIETTA
L'hai visto… no, respira, sei sfiatata…
Respira, e scusa la mia scortesia!

NUTRICE
Va meglio. Sì, l'ho visto, mi ha parlato.

GIULIETTA
E cosa ti ha...

NUTRICE
Vieni qui, e ascolta.

(la nutrice parla all'orecchio di Giulietta.
Stop)

CORO
Quanti segreti,
fitti segreti,
segreti muti,
segreti inquieti.

GIULIETTA
Nutrice, dimmi tutto un'altra volta,
come le fiabe che mi raccontavi...
Ricordi come ti rimproveravo
se, raccontando, una ne sbagliavi?

(la nutrice le riparla all'orecchio)

SCENA DODICESIMA

(le nozze: scena mimata.
Dopo il rito, i due si lasciano)

SCENA TREDICESIMA

MERCUZIO
Che caldo fa, Benvolio!

BENVOLIO
Non vorrei,
col sangue che ti bolle, tu incontrassi
un Capuleti…

MERCUZIO
Che bel tipo sei!
L'ultima volta, chi fu a tirar sassi
contro uno di loro? E, se ricordo,
s'era in aprile, e il sangue non bolliva.

BENVOLIO
Hai ragione: la lingua mi mordo
per averti accusa…

MERCUZIO
Guarda chi arriva!

TEBALDO
Signori, una parola!

MERCUZIO
Dici a noi?

TEBALDO
Sì, se siete signori…

BENVOLIO
Cosa vuoi?

TEBALDO
Cerco Romeo, un Montecchi spavaldo.

MERCUZIO
Anch'io sono un Montecchi: mi hai trovato.

BENVOLIO
Calma, Mercuzio, calma, pensa al caldo…

ROMEO
Che accade qui? Qualcuno mi ha chiamato?

TEBALDO
Eccoti, gran vigliacco!

ROMEO
Capuleti,
tu lo sai bene: vigliacco non sono.
Per certi miei motivi segreti,
oggi mi sei caro, e ti perdono.

MERCUZIO
Se tu, Romeo, ti lasci insultare
da questo gufo, io no, per davvero!

TEBALDO
Un gufo? Allora vieni ad assaggiare
la punta del mio becco, ratto nero!

(Mercuzio è trafitto e cade)

MERCUZIO
Maledetto Capu…

BENVOLIO

Mercuzio muore!
È morto.

ROMEO

Morto?

BENVOLIO

Morto.

ROMEO

Disonore!
Giulietta, quanto mi hai indebolito!
Qui inizia la vendetta e la sventura!
Tebaldo, in guardia: tu sarai punito,
solo il tuo sangue sarà buona cura
alla ferita che ci hai dato…

(Tebaldo è trafitto e cade)

BENVOLIO

È morto.
Fuggi, Romeo! Va' via dalla città,
costa l'esilio aver punito il torto!

(Romeo scappa)

CORO

Via da Verona, via.
Via dall'amore, via.
Gente infelice,
perché non sai la pace?

SCENA QUATTORDICESIMA

NUTRICE

Questo è accaduto, Giulietta.

GIULIETTA

Davvero,
questo giorno così pieno di sole,
all'improvviso è diventato nero?
Davvero queste son le tue parole?
Tebaldo morto e Romeo esiliato:
come se madre, padre, tu e io
fossimo tutti morti...

NUTRICE

Non è andato
ancora via, Giulietta, si è nascosto
presso frate Lorenzo...

GIULIETTA

Va', nutrice!
Se mi vuoi bene, vola in quel posto,
guardalo in volto, ascolta quel che dice,
portagli questo anello, e implora
che sia prudente fino a notte, e poi
venga da me, sua sposa: corri, ora!

NUTRICE

Sì, corro, volo a fare quel che vuoi!

SCENA QUINDICESIMA

NUTRICE
Dov'è Romeo, buon frate?

FRATE LORENZO
Là, sdraiato,
ubriaco di lacrime, dicendo
che è meglio essere morto che esiliato,
cova un pensiero minaccioso e orrendo...

NUTRICE
Alzati, mio signore!

ROMEO
Ah, nutrice,
quella che, in pace, ho promesso d'amare,
cosa pensa di me? Che cosa dice
di quel che ho fatto?

NUTRICE
Non ti disperare:
lei ti ama e ti aspetta.

FRATE LORENZO
Allora
vai da lei, e siate benedetti
nella gioia sponsale: ma a buon'ora,
prima dell'alba, Romeo, prometti
di andare a Mantova, e laggiù fermarti
finché le cose siano sistemate.

NUTRICE
Questo m'ha chiesto lei di consegnarti,
e dirti che t'aspetta.

FRATE LORENZO
È buio, andate!

SCENA SEDICESIMA

CORO
La notte non è buia
nel corso della gioia.
La notte è luminosa
per lo sposo e la sposa.

GIULIETTA
Questa non è l'allodola, amore,
che canta all'alba, questo è l'usignolo!

ROMEO
È l'allodola, amica del mio cuore:
senti? Il suo canto ha un tono solo,
e già schiarisce il cielo, là a oriente:
se resto muoio...

GIULIETTA
No, Romeo, va'!

NUTRICE
Giulietta, piano, o tua madre ti sente!

GIULIETTA
Fra poco il mio pianto sentirà...

ROMEO
Ancora un bacio.

GIULIETTA
Fino al tuo ritorno,
ciascuno dei minuti che verranno,
amore mio, sarà lungo un giorno,
e ogni settimana sarà un anno...
Quando mi rivedrai, sarò vecchietta!

ROMEO
Ogni minuto un bacio... Io non resto,
ma il mio amore resta qui, Giulietta.

GIULIETTA
Arrivederci presto, presto, presto!

SCENA DICIASSETTESIMA

CAPULETI MADRE
Ancora piangi, Giulietta? Il dolore
per Tebaldo non passa? C'è qualcosa
che, credo, ti consolerà il cuore,
tingendo il grigio presente di rosa.

GIULIETTA
Cos'ha questo potere, cara madre?

CAPULETI MADRE

L'immenso affetto e la giusta ragione,
mia carissima figlia, di tuo padre,
che ha accettato ciò che con passione
Paride gli chiedeva: giovedì,
tra fiori, canti e gioia, in San Pietro,
tu diverrai la sua sposa.

GIULIETTA

Così,
un giorno grigio è diventato tetro.
No, padre, no! No, madre, io non voglio
essere sposa sua, o di qualcuno.

CAPULETI MADRE

Giulietta, cosa…

CAPULETI PADRE

Cos'è questo imbroglio?
Come, non vuoi? Non vuoi Paride, uno
dei più nobili e ricchi di Verona?
Quali altri onori o ricchezze pretendi?
Bada: un capriccio, a volte, si perdona,
ma questo è inaccettabile, m'intendi?
La promessa è fatta: è il mio onore
che è in questione, e dunque, giovedì,
con viso lieto e obbediente cuore,
tu sarai pronta a dire il tuo sì!

(esce)

GIULIETTA

Madre…

CAPULETI MADRE

Tuo padre ha detto, e questo è tutto!

GIULIETTA

Nutrice, cosa faccio?

NUTRICE

Che puoi fare?
Un giorno bello, è diventato brutto...
Romeo è bandito, e non può tornare;
accetta, e sposa Paride: è stimato,
nobile, bello, ricco e sincero,
e, poi, di te è molto innamorato...

GIULIETTA

Dici davvero, nutrice?

NUTRICE

Davvero.

GIULIETTA
Il tuo consiglio è buono: ora va',
di' a mia madre che vado al convento,
frate Lorenzo mi confesserà:
dille che provo un grande pentimento.

NUTRICE
Ottima idea, Giulietta!

(esce)

GIULIETTA
Frate buono,
da te voglio consigli, non perdono!

SCENA DICIOTTESIMA

PARIDE
Buongiorno a te, Giulietta, sposa mia!

GIULIETTA
Se potrà esser, conte, che lo sia.

PARIDE
Perché tu dici "se"? Questo avverrà,
come vuole tuo padre e voglio io,
e, spero, anche tu…

GIULIETTA
Se lo vorrà,
nella sua sapienza, il buon Iddio.

PARIDE
Strane parole… Ma non rovinare,
piangendo, la tua pelle delicata!

GIULIETTA
Le lacrime, signore, a quanto pare,
hanno una sorgente complicata,
e spesso più di una ragione…

PARIDE
Cosa?

FRATE LORENZO
Sono arrivato, vieni a confessarti.

PARIDE
Cos'hai da confessare, bella sposa?
Già pura come sei, purificarti?
A presto!

GIULIETTA
A presto, conte, o meglio, a mai.
Unisciti, buon padre, al mio dolore!

FRATE LORENZO
Giulietta, ma io so che sposerai…

GIULIETTA
Piuttosto, un pugnale nel mio cuore!

FRATE LORENZO
Tu parli seriamente?

GIULIETTA
Giuro a Dio.

FRATE LORENZO

Ascolta: alla morte non pensare,
forse un rimedio c'è, e adesso io
ti spiegherò che cosa e come fare.

(bisbigliano)

CORO

Altri segreti,
piani segreti,
segreti chiusi,
pericolosi.

SCENA DICIANNOVESIMA

NARRATORE 1

Quello che dice il frate va saputo:
progetto disperato e molto astuto.

NARRATORE 2
Giulietta a casa, adesso, tornerà
fingendosi pentita, e lì dirà
di aver deciso di sposare il conte:
poi, quando le nozze saran pronte,

NARRATORE 3
appena prima, nella sua stanza,
berrà da un'ampolla una sostanza
che solo fra' Lorenzo sa ottenere,
e, appena lei finirà di bere,

NARRATORE 2
le donerà un cereo pallore,
rallenterà i colpi del suo cuore,

NARRATORE 1

le darà, insomma, una morte apparente:
morta la crederà tutta la gente,

NARRATORE 2

e dopo generale condoglianza,
vestita bene, secondo l'usanza,
con corone di fiori tutta ornata,
in bara aperta, sarà trasportata
nel gran sepolcro di famiglia, e là
l'ultima cerimonia aspetterà.

NARRATORE 3

Ma ecco che, dopo quarantottore,
si esaurirà l'effetto del liquore,
e lei si sveglierà: e sarà arrivato
Romeo, da frate Lorenzo avvisato,

NARRATORE 1

così, insieme, lieti fuggiranno
dalla città, e sempre si ameranno.

SCENA VENTESIMA

CAPULETI PADRE

Eccoti ritornata, e a quanto pare
l'umore ti è cambiato.

GIULIETTA

Padre mio,
il frate mi ha spinto a domandare,
insieme al tuo, il perdono di Dio.

CAPULETI PADRE

Sì, sì, figliola, certo. Moglie, avanti,
manda l'avviso al conte, che Giulietta
è pronta a queste nozze, e tutti quanti
facciano quel che serve, bene e in fretta!

GIULIETTA

Nutrice, resta, tu mi aiuterai
a scegliere vestiti e ornamenti.

NUTRICE

Ma è presto, cara...

CAPULETI MADRE

Nutrice, lo sai,
le spose sono molto impazienti,
e hanno ben ragione... Tu consiglia,
come lei chiede, e fa bene ogni cosa,
perché domani questa nostra figlia
sia la più bella ed elegante sposa!

(scena di preparativi)

CORO

Vestiti per la festa,
gioielli per la testa,
e nell'ampolla, quieto,
il liquido segreto.

GIULIETTA

Grazie, nutrice, ora puoi andare.
Voglio pregare, e poi dormire. Va'.

NUTRICE

Chiamo tua madre?

GIULIETTA

Ha molto da fare.
Dormirò sola, e poi l'alba verrà.

(la nutrice esce.
Giulietta prende l'ampolla)

E se l'effetto non ci fosse, e io
mi svegliassi domani, per andare
con Paride all'altare? No, Iddio
una simile beffa non può fare…
Ma se accadesse? Ah, se accadrà,
altro rimedio, per me, ci sarà.

(prende un pugnale e se lo posa accanto,
poi svuota l'ampolla in un sorso)

Che strana sensazione… Oh, Romeo,
eccomi, io ven…

(giace)

SCENA VENTUNESIMA

VOCI
È morta!
È morta!
Morta nel suo letto!

CAPULETI PADRE
Ah, che orribili nozze! La mia erede
ha sposato la morte!

PARIDE
Cos'hai detto?

CAPULETI MADRE
La nera morte, col suo muto piede
è venuta e l'ha presa!

PARIDE
Cupo giorno,
che dovevi risplendere di luce!
La mia promessa, via, senza ritorno:
che tu sia maledetto, giorno truce!

FRATE LORENZO
Non bestemmiare, Paride. Giulietta
metà era vostra, e metà del cielo:
ora è tutta lassù, pura e perfetta.

Sia fatto quel che occorre, sia portata,
secondo il sacro rito, nella tomba.
La musica, per lei, sarà intonata
dalla campana che grave rimbomba.

(campane a morto)

SCENA VENTIDUESIMA

ROMEO
Che sogno strano… Ma che sogno mai
non è strano? Ero morto, e venne lei
e mi baciò, e io resuscitai…
Giulietta dei miei sogni, dove sei?
Ma ecco Baldassarre, che mi porta
notizie da Verona, affaticato…
Su, dimmi, amico!

BALDASSARRE
Giulietta è morta.

ROMEO
Cosa? Quale parola hai pronunciato?

BALDASSARRE
La tua Giulietta giace, buon signore,
dentro il sepolcro di famiglia, morta,
l'ho vista io: perdonami il dolore
che porto.

ROMEO

Presto, Baldassarre, porta
carta e inchiostro, e corri a noleggiare
due cavalli.

BALDASSARRE

Signore, che fai?

ROMEO

Porta i cavalli, e resta ad aspettare,
ritorno presto. Ah, cielo, vedrai!

SCENA VENTITREESIMA

SPEZIALE

Che cosa vuoi, signore?

ROMEO

Una pozione
che rapida uccida chi la beve.

SPEZIALE

Venderti un veleno? È un'azione
che, a regola di legge, non si deve…

ROMEO

Davvero, vecchio? Talvolta, una legge,
per quanto sia di solida fattura,
sotto un peso metallico non regge,
e ne resta segreta la rottura…

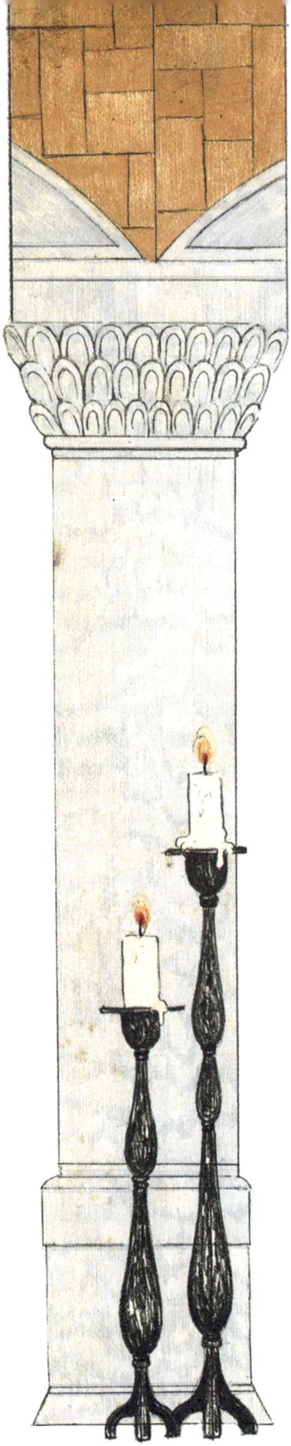

(dà un sacchetto pieno di monete allo speziale)

SPEZIALE
La mia miseria, non la volontà,
ti obbedisce signore… Questo siero,
appena uno qualsiasi lo berrà,
cadrà in un eterno abisso nero.

ROMEO
Speziale, hai combinato un buon affare.
Vada, chiunque, dove deve andare.

SCENA VENTIQUATTRESIMA

FRATE LORENZO
Chi bussa?

FRATE GIOVANNI
Sono io, frate Giovanni!

FRATE LORENZO
Ah, finalmente! Romeo cosa dice?
O ti ha dato una lettera?

FRATE GIOVANNI
Che affanni,
fratello mio, e che giorno infelice…

FRATE LORENZO
Di cosa parli? Che infelicità?

FRATE GIOVANNI

Dovevo andare a Mantova, e poiché
in buona compagnia meglio si va,
cercavo chi ci venisse con me,
e sono andato da certi malati,
per chiedere a fra' Luca, che li cura,
di venire con me, ma dei soldati,
temendo che portassimo un'impura,
dannosa malattia, non han lasciato
che uscissimo di là, fino ad adesso.

FRATE LORENZO

Però, tu qualcun'altro avrai mandato
a portare la lettera, lo stesso…

FRATE GIOVANNI

Nessuno. Tutti avevano paura
di esser contagiati.

FRATE LORENZO

Gran sventura!
Per l'amore di Dio, corri, fratello,
va', e portami presto un grimaldello!

(frate Giovanni esce)

Fra poche ore lei si sveglierà,
dentro la tomba, e si troverà sola,
e, allora, ahi, quanto si pentirà
di aver creduto alla mia parola!
Manderò a Mantova un messaggero,
andrò alla tomba, e starò con lei,
in quel sepolcro muto, freddo e nero,
finché il suo sposo amato non arriva...
Ahi, povera Giulietta, morta viva!

SCENA VENTICINQUESIMA

PARIDE

Vedovo prima delle nozze, amore,
piango sui baci che non ho mai dato.
Ti dono il mio ricordo, e qualche fiore,
amata sposa che non ho sposato...
Chi viene nella notte, a disturbare
il silenzio dei morti?

ROMEO (*al servo*) Amico mio,
prendi questa mia lettera: è da dare
a mio padre, domani. Vai, e addio.

(il servo esce.
Romeo apre il sepolcro)

PARIDE
Vile Montecchi, fermo! Che vuoi fare,
vendetta anche sui morti? Morirai!

ROMEO
Per questo sono qui, non ti agitare.
Sii buono, sii gentile, e vedrai
che sono armato solo contro me:
vattene, conte, dalla mia pazzia!

PARIDE
Io ti sfido, invece: attento a te!

ROMEO
Vuoi sangue, amico? E allora sangue sia!

(Paride è trafitto e cade)

SCENA VENTISEIESIMA

ROMEO
Eccoti qui, Giulietta: a quel che vedo
la morte il respiro ti ha rubato,
non la bellezza. E la morte, credo,

come un'amante a sé ti ha legato.
L'ultima volta io ti guardo, in pace,
e ti abbraccio, mia sposa, e ora bevo.
Speziale, il tuo veleno era efficace,
in un bacio io muoio…

(cade morto.
Entra frate Lorenzo)

FRATE LORENZO
Ahi, Romeo,
sono arrivato tardi! E lei, intanto,
si muove, e rinviene… Che orrore!

GIULIETTA
Oh, eccoti, buon frate, padre santo,
che ci hai salvati! Dov'è il mio amore?

FRATE LORENZO
Esci di qui, Giulietta: un potere
troppo grande per noi ha rovesciato
i nostri piani!

GIULIETTA
Lasciami vedere,
frate Lorenzo, questo corpo amato,
così pallido, e fermo!

FRATE LORENZO
Il Signore…

GIULIETTA
Forse ha una sua ragione misteriosa,
una ragione oscura, per il cuore,
frate, di questa già vedova sposa.

FRATE LORENZO
Vieni, usciamo!

GIULIETTA
Non ti seguirò.
Questo hai bevuto, amore? Non ne resta
una goccia per me? Purtroppo no.
Senti? Arriva gente, a questa festa
d'amore e morte. Qui con te, amore.
Riposa, buon pugnale, nel mio cuore.

(si trafigge)

CORO
Riposo della sposa,
riposo dello sposo.
La pace misteriosa,
l'amore misterioso.

SCENA VENTISETTESIMA

CANGRANDE
Il frate ha spiegato, ora sappiamo
la causa degli eventi disgraziati.
A un simile dolore, non possiamo
che abbassare il capo, desolati.
Ma io su voi, famiglie addolorate,
punto il dito, e accuso ad alta voce:
le vostre inimicizie sono state
la vera causa della strage atroce!

Voi resterete in pace, fin da ora:
scambiatevi l'abbraccio, e nel dolore
si bruci l'odio che vi disonora!

(Montecchi e Capuleti si abbracciano)

Scende il sole, anche il giorno muore.
Mai al mondo fu, a nostra memoria,
una più triste e più infelice storia!

Sogno di una notte di mezza estate

Prologo

C'è ancora l'amore, in questa seconda storia, ma un amore molto più giocoso, leggero e leggiadro di quello di Giulietta e Romeo. Qui non c'è un amore che porta sangue, ma un amore da fiaba, dove innamorati in carne e ossa ed elfi, giocose quasi-divinità, personaggi regali e popolari, magiche ancelle e attori da strapazzo corrono in tondo sfuggendosi, inseguendosi, nascondendosi, trasformandosi sotto l'effetto di scherzosi incantamenti. Una specie di giostra, anzi un circo d'amore, dove non mancano nemmeno, a un certo punto, gli animali, anche se di specie molto particolare. C'è la scherma dei sentimenti, con attacchi e parate, e anche la lotta vera, ma fatta di colpi poco dolorosi, proprio come quelli che si danno i pagliacci del circo. Tutto questo cercarsi, perdersi, ritrovarsi è immerso in un bosco affascinante come il bosco delle fiabe, dove quando si è stanchi, o presi da incantamento, ci si può sdraiare e dormire, mentre, appena oltre il bisbiglio delle foglie, si sentono le voci degli altri, dei compagni di gioco.

Ermia,
innamorata di Lisandro
Demetrio,
innamorato di Ermia
Egeo,
padre di Ermi
Lisandro,
innamorato di Ermia
Elena,
innamorata di Demetrio
Ippolita,
Regina delle Ama
Senapina
fate
Ragnetta
Granula
Pisella
Teseo,
duca di Atene

attori della brigata
Quincio
Fluto
Bot
Snocchio
Strafame
Filostrato,
cerimoniere di Teseo
Titania,
Regina delle fate
Oberon,
Re degli elfi
Puck,
folletto dispettoso

SCENA PRIMA

TESEO

Al cambio della luna andremo sposi,
Ippolita, mio amore: sei contenta?
Non sei impaziente, come lo sono io?

IPPOLITA

Prima di allora, Teseo, amore mio,
lunghi saranno i giorni, e noiosi!
Anche la luna viaggia troppo lenta!

TESEO *(ai servi)* Andate, e tutta Atene si prepari
alla gran festa delle nostre nozze!

SCENA SECONDA

(entrano Egeo, Ermia, Lisandro e Demetrio)

TESEO

Egeo, che hai, con quella faccia scura?

EGEO

Vengo a parlarti della mia sciagura!
Demetrio chiede Ermia come moglie,
e io sono d'accordo: ma mia figlia
vuole Lisandro, che con rime e doni,
braccialetti e anelli, l'ha stregata.

TESEO

Che dici, Ermia?

ERMIA

Buon duca, Teseo,
Lisandro non mi ha fatto una magia:
lui sceglie me come lo scelgo io!

EGEO

Demetrio io voglio, e Demetrio sia!

TESEO

Chiara è la legge, e chiara la parola:
o obbedisci al padre, oppure andrai
a vivere in convento, sempre sola.

DEMETRIO

Rinuncia a lui, Ermia: non sia mai
che tu ti chiuda sola in un convento!

LISANDRO

Tu, sposati suo padre, che ti ama,
e lascia Ermia a me, che l'amo tanto!
Tutti sappiamo che hai corteggiato
la bella Elena, e poi abbandonato:
uomo incostante e...

TESEO

Basta! Io ho parlato,
e voi venite: ho ordini da darvi.

(escono Teseo, Demetrio e Egeo)

SCENA TERZA

LISANDRO
Perché sei così pallida?
Perché le belle rose
del tuo volto appassiscono?

ERMIA
Per poca pioggia, forse,
benché potrei, io credo,
inondarle di pianto!
Ogni amore è infelice,
sempre pieno di ostacoli…

LISANDRO
Sì, Ermia, ma ascolta:
ho una zia, una vedova,
mi tratta come un figlio,
abita fuori Atene.
Là non vale la legge,
là possiamo sposarci.
Domani notte, scappa
dalla casa del padre,
e aspettami in quel bosco.

ERMIA
Per l'arco di Cupido,
per la sua freccia d'oro,
per quel che lega i cuori,
ti faccio il giuramento:
verrò all'appuntamento!

SCENA QUARTA

(entra Elena)

ERMIA
Elena bella, dove stai andando?

ELENA
Mi chiami bella? Tu sei la bella,
Demetrio è te che ama, fortunata!
Se io potessi esserti gemella,
con la tua voce, la tua camminata...
Rivelami il segreto, come fai
a ottenere il suo completo amore?

ERMIA
Il mio segreto? Non lo guardo mai.

ELENA
Eppure sei tu che ha nel cuore!

ERMIA
Più io lo odio, e più lui mi ama.
Scappo, e lui mi vuol sempre vedere.

ELENA
Più io lo amo, meno lui mi chiama!
Ma la tua gran bellezza...

LISANDRO
Non temere,
non la vedrà più: noi fuggiremo
via da Atene.

ERMIA

E là ci sposeremo.

(escono Ermia e Lisandro)

SCENA QUINTA

ELENA

Eppure tutti dicono che io
son bella come lei: l'amore è cieco,
anche se è dipinto come un dio.
L'amore è uno sciocco che fa spreco
di cose, e le confonde, da sbadato,
superbo ragazzetto mentitore!
Non era a me che Demetrio ha giurato,
non molto tempo fa, l'eterno amore?
Poi venne Ermia e… Io gli dirò
quello che lei vuol fare, e forse, allora,
un po' di gratitudine avrò,
e, forse, lui mi amerà ancora.

(esce)

SCENA SESTA

(entrano Quincio, Snocchio, Bot, Fluto e Strafame)

QUINCIO
Ci siamo tutti?

BOT
Forse, ma sarebbe prudente… già, prudente… *(si gratta il naso)* fare l'elencamento, uno per uno.

QUINCIO
Ecco qui la lista dei popolani di Atene capaci di fare la recita per le nozze del duca e della duchessa.

BOT
Ma prima, dicci la titolazione.

QUINCIO
"Penosissima commedia e crudelissima morte di Piramo e Tisbe."

BOT

Un bel pezzo di teatro tutto da ridere, così a occhio.
E adesso fa' l'appello della brigata, Quincio.

QUINCIO

Bot tessitore, tu farai la parte di Piramo, innamorato e suicida.

BOT

Io farei più volentieri la parte del tiranno omicida...
Ma se devo far Piramo, le lacrime saranno piramidali...
Va' avanti.

QUINCIO

Fluto aggiustamantici, tu sarai Tisbe.

FLUTO

Chi è Tisbe? Un cavaliere errante?

QUINCIO

È una donna, l'amorosa di Bot... cioè di Piramo.

FLUTO
Ma se ho la barba che mi spunta, qui, e qui, e qui…

QUINCIO
Non sai che le donne recitano mascherate?

BOT
Allora, dai, falla fare a me, Tisbe! Avrò una voce deleccatissima: "Piramo, amoruccio!", "Piramidino mio d'oro…".

QUINCIO
No, tu sarai Piramo, e Fluto sarà Tisbe. C'è Strafame, il sarto?

STRAFAME
Eccomi. Chi sarò, io?

QUINCIO
La madre di Tisbe. Tu, Snocchio mobiliere, farai il padre di Tisbe, e io il padre di Piramo. Chi sarà il leone?

BOT
Io: so fare ruggiti spaventossici!

QUINCIO
E se poi spaventi la duchessa e le dame? Quelle ci fanno impiccare…

BOT
Allora sarà più prudente… *(si gratta un fianco)* ruggire come un agnello, un usigno…

QUINCIO
Basta, tu farai Piramo! Perché Piramo è un bell'uomo, simpatico, amabile, di gran valore…

BOT

Va bene, lo faccio… Lo volete con barba paglierina, bruciaticcia, fiammolante, zecchina, carbonera?

QUINCIO

Con quella che vuoi. Eccovi le parti: dovrete saperle perfettamente, domani sera. Ci incontreremo nel parco ducale, fuori città, per fare le prove.

BOT

Sarà prudente… sì, sarà prudente *(si gratta il sedere)* imparare bene le parti, cari compagni della compagnia!

(escono tutti)

SCENA SETTIMA

(entrano una fata e Puck)

PUCK

Dove vai, spirito andante?

FATA

Per monti e spiagge,
per boschi e rogge,
campi e canneti,
per fiamme e greti,
io vago in ogni istante…

PUCK

Che fai, spirito vagante?

FATA

Io servo la Regina delle fate,
insieme ad altre, leggere e dorate…
Ma, guardandoti meglio, riconosco
che sei Puck, quel furbo mascalzone
che spaventa le donne e screma il latte,
che guasta burro e birra nella botte,
e fa scherzi ai viandanti di notte,
e sopra i loro guai fa il burlone.

PUCK

Sì, sono proprio lui, tu hai ragione!
Del grande Oberon sono il buffone:
come ride se nitrisco da cavalla,
e un baio mi risponde dalla stalla!
O nella chiesa, quando un vecchierello
vuole sedersi, io mi fingo sgabello,
e poi gli scappo sotto, e lui va giù!
Sono quel Puck, hai ragione tu.

FATA

Sento rumori, nel bosco…

PUCK

Attenta, fata, il Re è nei paraggi,
con il suo seguito di servi e di paggi…
La tua Regina se ne stia lontana,
col suo paggetto di razza indiana,
perché Oberon lo vuole possedere,
vorrebbe farne un prode cavaliere!

FATA

È inutile, folletto, il tuo affanno:
vengono qui, e s'incontreranno!

SCENA OTTAVA

(entrano da una parte Oberon e il suo seguito, dall'altra Titania e il suo seguito)

OBERON
Un brutto incontro sotto la luna:
Titania l'orgogliosa!

TITANIA
Oberon, il geloso: che sfortuna!
Andiamo via!

OBERON
Fermati, capricciosa,
io sono il tuo signore!

TITANIA
Dunque, io la tua signora! Hai finito
di corteggiare Ippolita? Ora lei
si sposerà Teseo!

OBERON

Che falsa sei!
Di', chi salvò Teseo a Perigone,
dopo una notte d'amore? E l'ha spinto
a tradire Egle, Antilope e Arianna?

TITANIA

Frottole della gelosia! Ogni volta
che ci incontriamo, dentro la foresta
o sui colli, o nei prati, o sulla spiaggia,
rovini tutto con le tue scenate!
E così il mondo intero va in rovina:
torbide nebbie si alzano dal mare,
e i fiumi straripano, e il frumento
annega, marcio già a primavera,
e muoiono le pecore, e di notte
nessuno canta più dolci canzoni!
Le stagioni impazziscono, e la gente,
stordita e muta, soffre, e si confonde:
e tutto questo per le nostre liti!

OBERON

Puoi rimediare a tutto, se lo vuoi:
dammi il piccolo paggio!

TITANIA

Non sperarlo:
è figlio di una mia sacerdotessa,
una mia cara amica, che morì
quando lui nacque: e dunque non lo avrai!

OBERON

Per quanto resti qui?

TITANIA

Finché Teseo
non sposerà Ippolita. Se vuoi,
rimani, e guarda in pace i nostri giochi
al chiaro della luna; se non vuoi,
stammi lontano, come io da te.

OBERON

Dammi il ragazzo, e saremo in pace.

TITANIA

Nemmeno se mi doni il tuo regno!
Fate, venite!

(esce Titania con il suo seguito)

SCENA NONA

OBERON

Tu non uscirai
da questo bosco, prima di pagare
per questo tuo affronto. Puck, ricordi
quando sentimmo un canto di sirena?

PUCK

Sì, lo ricordo.

OBERON

Proprio in quel momento
io vidi che Cupido, il dio alato,

stava tirando a lei una sua freccia,
di quelle che ti fanno innamorare,
ma sbagliò mira, e la freccia cadde
e colpì un certo fiore, e da allora,
se bagni gli occhi di un addormentato
col succo di quel fiore, appena sveglio,
lui si innamora di chiunque vede.
Va', e porta qui quel fiore, svelto!

PUCK

Vado.

(esce Puck)

OBERON

Col succo di quel fiore, bagnerò
gli occhi di Titania addormentata:
e il primo che vedrà, al suo risveglio,
susciterà il suo amore, e fino a quando
non mi darà quel paggio, io l'incanto
non scioglierò… Ma chi arriva? Ecco,
io mi rendo invisibile, e ascolto.

SCENA DECIMA

(entrano Elena e Demetrio)

DEMETRIO
Lasciami in pace! Non ti amo, chiaro?
Ma Lisandro dov'è? Ermia dov'è?
Hai detto che fuggivano nel bosco...
Oh, sei ancora qui? Vattene via!

ELENA
La dura calamita del tuo cuore
attira il mio, che è acciaio tenace.
Permetti che ti segua solo, amore,
io soffro troppo, quando non ti vedo!

DEMETRIO
Mi hai stancato: resta, se tu vuoi,
per me è come se tu non ci fossi...

ELENA
Ti seguirò, perché anche il dolore
è dolce, quando è dato dall'amore!

(escono)

OBERON
Seguilo, bella, e presto vedrai:
lui vorrà te, e tu lo sfuggirai!

(entra Puck)

PUCK

Da poco sono andato: già tornato!
Ecco qui il fiore degli inganni…

OBERON

Bravo!
C'è un posto che conosco,
sta proprio in mezzo al bosco,
pieno di viole e rose,
di gigli e di mimose.
Titania spesso giace
tra i fiori, e dorme in pace.
Gli occhi le bagnerò
col succo, e riempirò
la sua mente di cose
orrende e spaventose!
Intanto compirai questa missione:
prendi del succo, e cerca per il bosco:
c'è una giovane donna innamorata,
e un tipo che disprezza il suo amore.
Tu bagna gli occhi a lui, quando riposa,
ma in modo che, al risveglio, sia lei
quella che lui vedrà. Va', e ritorna!

PUCK

Per quella infelice, mio signore,
il giovanotto brucerà d'amore!

(escono)

SCENA UNDICESIMA

(entrano Titania e il seguito)

TITANIA

Cantatemi, adesso, una canzone,
fatemi addormentare dolcemente.

FATE

Via, via, serpi maculate,
e anche tu, riccio spinoso,
su, va' via! Non disturbate
la Regina delle fate.

CORO

Usignolo melodioso,
incantesimo dei cuori,
col tuo trillo portentoso
addolcisci il suo riposo!

Ragni, fini tessitori,
voi, lumache, andate, andate,
bruchi, api, via dai fiori,
dal suo letto andate fuori!

(Titania si addormenta, escono le fate; entra Oberon)

OBERON

Quando tu ti sveglierai,
per il primo che vedrai
proverai cocente amore.
Che sia onesto o malfattore,
uomo o bestia, tu sarai
la sua schiava, e lo amerai!

(bagna gli occhi di Titania, poi esce; entrano Ermia e Lisandro)

SCENA DODICESIMA

LISANDRO
Sei stanca, mio amore?
Camminiamo da ore…

ERMIA
Sì, ora riposiamo:
tu va' un poco più lontano…

LISANDRO
Chi si ama come noi
può star vicino… Vuoi?

ERMIA
Un poco più lontano,
ora stendi la mano,
come la tendo io,
e riposiamo.

LISANDRO
Buon riposo, amor mio.

(si addormentano)

SCENA TREDICESIMA

(entra Puck)

PUCK
Io li cerco, e non li vedo.
Io li cerco e non li tro…
Questo è il giovanotto, credo!
Forse è lui che spruzzerò…
Certo, ecco la fanciulla
che gli dorme quieta accanto:
di te non gli importa nulla,
ma vedrai, dopo l'incanto:
questo qui si sveglierà,
ti vedrà, e ti adorerà!

(bagna gli occhi di Lisandro, ed esce)

SCENA QUATTORDICESIMA

(entrano Demetrio e Elena)

ELENA
Uccidimi, se vuoi, ma resta, amore!

DEMETRIO
Vattene via, tormentosa, sparisci!

ELENA
Mi lasci qui nel buio, e nel terrore?

DEMETRIO
Voglio restare solo, non capisci?

(esce Demetrio)

ELENA
Mi ha tolto il respiro, questa caccia...
Più prego, e più lui sdegna la mia faccia!
Sì, sono brutta come un mostro, e allora
lui se ne fugge, e io lo inseguo ancora!
Ah, se io fossi come Ermia... ma
c'è qualcuno per terra... chi sarà?
Lisandro! Non ferito, addormentato...
Svegliati, amico... Ecco, si è svegliato!

LISANDRO
Per te attraverserò le fiamme ardenti,
Elena trasparente, mia poesia.
E Demetrio, gli venga un accidenti,
se lo vedo lo ammazzo, in fede mia!

ELENA
Lui ama Ermia, ma lei è amorosa
solo di te, lo sai...

LISANDRO
Che importa a me
di Ermia, quell'inutile noiosa?
Io amo, adoro, voglio solo te!
Chi preferisce un corvo a una colomba?
Tu, alto altare, lei misera tomba!

ELENA
Perché parli così? Che scherzo è questo?
Non basta che Demetrio mi disprezzi?
Perché mi burli, crudele e molesto:
vuoi forse che il mio cuore, qui, si spezzi?
Non solo da Demetrio rifiutata:
ora da te, un amico, oltraggiata!

(esce Elena)

LISANDRO
Oh, ma qui c'era Ermia… Vado via,
e che lei resti qui, la disgustosa:
Elena inseguirò, la bella mia,
colei che amo, splendida e preziosa…

(esce Lisandro)

ERMIA
Lisandro, aiuto! Oh, che sogno orrendo!
Un serpe che sbranava il mio cuore…
Lisandro, amico dolce e stupendo,
ti sei nascosto? Dove sei, amore?
È andato via… Ma io lo cercherò,
fino a trovarlo, oppure morirò!

(esce)

SCENA QUINDICESIMA

(entrano Quincio, Snocchio, Bot, Fluto e Strafame)

BOT
Tutti presenti?

QUINCIO
Non manca nessuno. Ecco un posto perfetto per le prove. Questo praticello sarà il palcoscenico, e lo spogliatoio sarà dietro quel biancospino.

BOT
Sperando che non spini il mio bianco sedere, mentre mi spoglio… Quincio, c'è qualcosa nella recita che non mi piace… Quando Piramo prende la spada per ammazzarsi. Alle signore non piacerà l'ammazzamento… che ne dici?

FLUTO
Hai ragione!

STRAFAME
Niente ammazzamento, allora!

BOT

Macché, ho già pensato un rimedio. Scrivetemi un prologo in cui si dice che non si farà male a nessuno con la spada e che Piramo non muore davvero: anzi, non è nemmeno Piramo, ma sono io, Botto!

QUINCIO

Ben pensato: faremo il prologo.

FLUTO

E se le signore avranno paura del leone?

STRAFAME

Questo è un problema!

BOT

Non c'è rapace più feroce di un leone, in effetto.

FLUTO

Ci vuole un altro prologo, che dice che non è un leone vero!

BOT

Anzi, Nocchio avrà mezza faccia scoperta, e dirà con tutta la gentilezza: "Signore dame, non tremate: io non sono un leone, ma Snocchio il mobiliere!".

QUINCIO
E anche questo è risolto. Ma come faremo a portare il chiaro di luna in una stanza, quando Piramo e Tisbe si incontrano?

FLUTO
E ci sarà poi la luna, quando reciteremo?

BOT
Bisogna guardare il calendolario! Chi ce l'ha?

QUINCIO
Eccolo qui: per fortuna ci sarà la luna. Lasceremo aperta la finestra, e la luce entrerà. Però c'è un altro problema. La storia dice che Piramo e Tisbe si parlavano attraverso un buco nel muro.

SNOCCHIO
Non riusciremo a portare dentro un muro.

FLUTO
E neanche un buco!

BOT
Risolto! Uno di noi farà il muro, con un po' di calce addosso… e terrà le dita così, e quello sarà il buco!

QUINCIO
Bene. Adesso si prova. Piramo, comincia tu, e poi va' a nasconderti dietro il biancospino.

BOT
Però terrò il sedere dall'altra parte, se non vi spiace…

SCENA SEDICESIMA

(entra Puck)

PUCK

Chi sono gli straccioni che vicino
al letto della mia bella Regina
si danno tante arie? Oh, una commedia!
Farò lo spettatore, o anche, forse,
l'attore, in questo zotico teatro…

QUINCIO

Piramo, Tisbe, avanti!

BOT

Oh, mia Tisbe, l'odioso aroma…

QUINCIO

"Odoroso!" "Odoroso!"

BOT

*… l'odoroso aroma dei fiori
è simile al tuo fiato, mia carissima…
Sento una voce… Vado, e presto torno!*

(esce Piramo)

PUCK

Un Piramo un po' strano, ma possiamo
farlo più strano ancora!

(esce Puck)

FLUTO
Parlo io, adesso?

QUINCIO
Sì, mannaggia! Lui va solo a vedere chi è, e poi torna!

FLUTO
O Piramo raggioso, e bianco più del giglio,
tinto come la rosa, di trionfesco vermiglio…

QUINCIO
"Trionfale!" "Trionfale!" Ma questo lo devi dire dopo, quando torna! Adesso devi dire: "Tu, sei come un fiero destriero…" Entra, Piramo, dai!

FLUTO
Tu sei come un fiero destriero!

(entrano Puck e Bot con la testa asinina)

BOT
Mia Tisbe, sarò tuo, dico davvero!

QUINCIO
Mostro! Stregoneria! Scappiamo, amici, scappiamo!

(escono Quincio, Fluto, Snocchio e Strafame)

PUCK
Vi seguirò, e vi confonderò
per stagni, per foreste, per burroni…
In molte bestie mi trasformerò,
e vi spaventerò, miei zoticoni!

(esce Puck)

SCENA DICIASSETTESIMA

BOT

Dove andate? Fermi! Tornate qui, somari! Lo fanno per lasciarmi solo e spaventarmi! Ma io non mi spavento... Anzi, mi metto a cantare, così sentono che non ho paura!

Il merlo nero
dal becco giallo,
e sul sentiero
il fiero gallo...

TITANIA

Che angelo mi sveglia, in mezzo ai fiori?

BOT

Il bel fringuello,
il corvo grosso,
e nel ruscello
il pesce rosso...

TITANIA

Oh, canta ancora, mortale gentile,
ogni altra voce è stonata e vile!
Canta di nuovo, splendido signore,
e lascia che ti chiami "mio amore"!

BOT

Non vedo la ragione, signora, anche se amore e ragione non sempre vanno a braccetto...

TITANIA

Sei saggio quanto bello!

BOT

Tu dici? Forse, ma se potessi andarmene da qui...

TITANIA

Andartene da qui? Non ci pensare:
resta con me, e lasciati amare!
Sarai servito dalle dolci fate,
avrai cose bellissime, incantate...
Pisella, Ragnetta, Granula, Senapina!

(entrano le quattro fate)

SCENA DICIOTTESIMA

PISELLA

Son qui!

RAGNETTA

Presente!

GRANULA

Eccomi!

SENAPINA

Ci sono!

TITANIA

Siate gentili, fate, col mio amore,
scortatelo con salti e capriole,
dategli bacche dal buon sapore,

portatelo dovunque egli vuole.
Miele per lui, e lucciole di sera,
dolci canzoni quando dormirà,
allontanate tempesta e bufera,
dategli, o fate, la felicità!

GRANULA
Salve a te, mortale!

SENAPINA
Ti saluto!

PISELLA
I miei omaggi!

RAGNETTA
Le mie devozioni!

BOT
O, vostre eccellenze! Come ti chiami, tu?

RAGNETTA
Ragnetta.

BOT
Se mi taglierò un dito, mi medicherai! E tu?

PISELLA
Pisella.

BOT

Oh, l'onorevole figlia di madama Buccia e di messer Baccello! E tu?

SENAPINA

Senapina.

BOT

Ah, tu hai certo perduto molti parenti in bocca a qualche bue goloso... E tu?

GRANULA

Granula.

BOT

Invece i tuoi parenti sono finiti in forno, sfortunati! Piacere di conoscervi tutte!

TITANIA

Ora portatelo alla mia dimora!
La luna è un po' meno splendente:
forse qualcosa c'è che l'addolora...
Portate il mio amore, presto, fate,
e dolcemente, molto dolcemente,
la sua lingua legate...

(escono tutti)

SCENA DICIANNOVESIMA

(entra Oberon)

OBERON

Chissà se si è svegliata, ora, Titania,
e se per chi ha veduto, adesso, smania...

(entra Puck)

Di', pazzerello, cosa è capitato,
in questa notte, nel bosco incantato?

PUCK

Dove Titania era addormentata
un branco di buffoni si è riunito,
provava una commedia dedicata
a Re Teseo, che diverrà marito
di Ippolita. Ed ecco, il più sciocco,
che fa Piramo, va dietro un cespuglio.
Io, per divertimento, a quell'allocco,
metto una testa d'asino e un subbuglio,
appena è veduto, si scatena:
scappano i suoi compari come tordi
dal cacciatore, e strillano con lena,
e inciampano e si impigliano, i balordi.
E intanto, il dolce Piramo asinino
gira lì attorno, rintronato ancora.
Titania, che dormiva lì vicino,
si sveglia, e lo vede, e s'innamora!

OBERON
Ah, che burla magnifica, perfetta!
E hai bagnato gli occhi al giovanotto
che disprezzava quella giovinetta?

PUCK
Lui dormiva, e la bella era là:
appena lui si sveglia, la vedrà.

(entrano Demetrio e Ermia)

OBERON
Eccolo, è lui! Nasconditi, presto!

PUCK
La donna è lei, ma l'uomo non è questo…

SCENA VENTESIMA

DEMETRIO
Perché tu sgridi me, che ti amo tanto?

ERMIA
Se hai ucciso Lisandro, che nel pianto
io anneghi o, insieme a lui, uccidi me!
L'hai ucciso nel sonno, ecco perché
lui, il mio fedele amante, è sparito!

DEMETRIO
Tu invece uccidi me, così stordito,

che ti amo anche mentre mi ammazzi!
Amore mio, tu fai discorsi pazzi:
io non l'ho ucciso, non gli ho fatto niente!

ERMIA
Allora il mio amore è vivente!
Vado a cercarlo, che sia vivo o morto…
E tu sparisci: io non ti sopporto!

(esce Ermia)

DEMETRIO
Che serve inseguire il suo furore?
Io curerò col sonno il mio dolore…

(si stende e si addormenta)

OBERON
Che cosa hai fatto, Puck, mammalucco?
Su un altro amante hai versato il succo!
Hai rovinato un amore sincero,
senza cambiare quello falso in vero!
Cerca Elena, l'altra, mammalucco:
portala qui con qualche astuto trucco.
Io ungerò gli occhi di costui
prima che lei sia qui, davanti a lui.

PUCK
Volo come una freccia, mio signore!

*(esce Puck, Oberon spreme il succo
su Demetrio)*

OBERON

E io ti bagno col succo d'amore:
quando ti sveglierai, e la vedrai,
di passione per lei risplenderai!

(torna Puck)

PUCK

Elena arriva! E dietro a lei viene,
legato da amorose catene,
quell'altro che la vuole, e si dispera…

OBERON

Nasconditi con me nell'ombra nera:
guardiamo e ascoltiamo attentamente…

(entrano Elena e Lisandro)

SCENA VENTUNESIMA

LISANDRO

Del mio amore non t'importa niente?
Ti giuro che per te sola è il mio amore!

ELENA

E sempre più tu sei ingannatore!
Anche a Ermia lo avevi promesso!

LISANDRO

L'ho fatto, sì, ma non ero me stesso!
È Ermia, che Demetrio adora e ama!

(Demetrio si sveglia)

DEMETRIO
Elena, dea perfetta, pura dama,
labbra come ciliegie per i baci,
più della luna e il sole tu mi piaci:
tu sei quella che amerò in eterno!

ELENA
Siete d'accordo, allora? Oh, che inferno!
Voi mi prendete in giro, mi ingannate,
perché? Io lo vedo, voi mi odiate!
Litigavate per Ermia, e adesso
voi fingete con me di far lo stesso!

LISANDRO
Demetrio, non capisco, cosa fai?
Tu ami Ermia, io lo so, lo sai!
E io te la lascio...

DEMETRIO
Chi la vuole?
Elena, amore, ascolta le parole
di chi ti ama...

LISANDRO
Mente, o mia dama!

DEMETRIO
Tu, gran bugiardo, dici che io mento?
Sta' attento a quel che dici, molto attento,
o ti farò pentire...

(entra Ermia)

ERMIA

Anche se niente
l'occhio vede, il mio orecchio sente:
la tua voce, amore, mi ha guidato:
perché, Lisandro, mi hai abbandonato?

LISANDRO

Per venire da lei, che adoro e amo!
Lei, nella notte, lucente richiamo!

ERMIA

Tu non credi davvero a quel che dici!

ELENA

Ah, siete in tre, a essermi nemici!
Anche tu, mia amica, ora m'inganni,
aggiungi il tuo a questi due malanni?
Ma non ricordi quando parlavamo,
facendo, chine, un unico ricamo?
Come due ciliegie, sempre unite,
due grappoli di una sola vite!
Perché lo fai?

ERMIA

Io, sono sorpresa!
Sei tu che menti, e mi fai offesa!

ELENA

Io vado, non sopporto...

LISANDRO

No, rimani!
Senza di te, io non ho più domani!
Ti amo, te lo giuro...

ELENA

Senti questa!

ERMIA

Ah, Lisandro crudele!

LISANDRO

Elena, resta!

DEMETRIO

Io ti amo più di lui!

LISANDRO

Davvero? Vieni!

ERMIA

Lisandro, no!

LISANDRO

Perché tu mi trattieni?

DEMETRIO

Oh, una donnetta magra lo trattiene,
e lui a combattere non viene…

LISANDRO

Vattene via, appiccicosa gatta!
Via dal mio collo, serpe, nera blatta!

ERMIA
Tu scherzi, vero, amore?

ELENA
E anche tu!

DEMETRIO
Verrai a far la lotta, buon compare?
Magari un impegno vuoi firmare,
visto che questa orchessa ti trattiene?

LISANDRO
Stacca da me queste odiose catene,
stupida donna!

ERMIA
Lisandro, io ti chiamo!
Io sono la tua Ermia…

LISANDRO
È lei che amo!

ERMIA
Tu, Elena, tu, bruco roditore,
che vai di notte a rubare amore!
Anche se non sono alta come te,
ti graffio gli occhi…

ELENA
Vattene, perché?
Noi siamo state amiche, non ricordi?
Lasciami andare via, perché mi mordi?
Non posso andare, perché è qui il mio cuore!

ERMIA
Con chi?

LISANDRO
Con me!

ERMIA
Crudele traditore!

LISANDRO
Vattene, tu, nana, sgorbio, ranocchio!
Elena, amore!

DEMETRIO
Io ti acceco un occhio!
Vediamo chi l'avrà, vieni a lottare!

LISANDRO
Oh sì, arrivo! Lasciati pigliare!

(escono Lisandro e Demetrio)

ERMIA
Quanto scompiglio, tutto per te sola!
Su, vieni qui, ho da dirti una parola…

ELENA
No, tu mi inganni ancora, scappo via!

(esce Elena)

ERMIA
Io sono sbalordita, in fede mia!

(esce Ermia)

SCENA VENTIDUESIMA

(Oberon e Puck vengono avanti)

OBERON
Visto, che cos'hai combinato?

PUCK
Sire,
ho fatto solo un po' di confusione…
Ma tutto questo, lasciamelo dire,
è alquanto divertente…

OBERON
Mascalzone!
Non vedi quei due giovani, laggiù?
Se non facciamo qualcosa, fra poco,
uno o entrambi non vivranno più!
Presto, rendi la notte così scura
che i due non si possano vedere,
e imita le voci con bravura,
e in false piste poi falli cadere,
fin quando dormiranno: allora, muto,
spremi sopra Lisandro questo succo
che scioglierà l'inganno in cui è caduto,
e non avranno memoria del trucco,
e tutti torneranno ad Atene.
Intanto io, continuando il mio piano,
chiedo a Titania il paggetto indiano,
e la guarisco dall'insano amore
che nutre per quel mostruoso orrore.

PUCK
Facciamo in fretta, Re della magia,
perché la notte sta per andar via!

OBERON

Prima che il sole sorga, sarà fatto!

(esce Oberon)

PUCK

Su e giù, e qua e là,
io li porto dove voglio,
in campagna o in città,
faccio e sciolgo il bell'imbroglio!
Arriva uno di loro, io direi…

SCENA VENTITREESIMA

(entra Lisandro)

LISANDRO

Demetrio, sbruffone, dove sei?

PUCK

Da questa parte, vieni! Hai paura?

LISANDRO

Dove?

PUCK

Ti aspetto qui, nella radura!

LISANDRO

Arrivo!

(esce Lisandro, poi entra Demetrio)

DEMETRIO

Dove sei, brutto fifone?

PUCK

Fifone io? Ma se sei tu che scappi!
Su, vieni qui, e lascia che ti acchiappi!

DEMETRIO

Vengo da quella parte!

PUCK

E io ti aspetto!

(escono Puck e Demetrio, poi entra Lisandro)

LISANDRO

Mi sfida, e scappa via come un furetto!
Quando io arrivo, è già sparito!
Ah, quel vigliacco! Io sono sfinito,

mi sdraio e mi riposo, e domattina
Demetrio avrà da me la sua rovina!

(si stende e si addormenta,
poi entrano Puck e Demetrio)

DEMETRIO
Fermati, se hai coraggio! Dove sei?

PUCK
Qui dietro, vieni, basta piagnistei!

DEMETRIO
Scappato ancora, misero vigliacco!

PUCK
Ehi, perché vai di là, a far l'attacco?

DEMETRIO
Basta, non ho più fiato, mi distendo,
e domani vedrai, quando ti prendo...

(si addormenta, poi entra Elena)

SCENA VENTIQUATTRESIMA

ELENA
Che notte faticosa e stregata,
in questo bosco buio, ingannata,

odiata dagli amici… Sono stanca,
voglio dormire fino all'alba bianca…

(si stende e si addormenta, poi entra Ermia)

ERMIA
Oh, come sono stanca e addolorata,
intirizzita, graffiata, stremata…
Mancano all'alba ancora poche ore…
Dormo… Dio salvi Lisandro, il mio amore…

(si sdraia e si addormenta)

PUCK
Buon Lisandro, ecco qua
quello che ti guarirà.
E riavrai il tuo vecchio cuore,
riconoscerai il tuo amore…
Il proverbio dice bene:
"Vada tutto a chi appartiene!"

(esce Puck)

SCENA VENTICINQUESIMA

(entrano Titania, Bot, Pisella, Ragnetta, Granula, Senapina, fate ed elfi, e Oberon non visto)

TITANIA
Sdraiati qui tra i fiori, mio tesoro!
Un bacio, a queste orecchie che adoro!

BOT
Pisella, dove sei?

PISELLA
Sono qui!

BOT
Grattami un po' la testa! E tu, Ragnetta, scava un po'
di miele da quel mielario, ma attenta che le api non
ti spunzino il popocchio.

SENAPINA
E io che faccio?

BOT
Dai una mano a Pisella nel grattamento, prego.
Mi sento tutto peloso e pruritoso dalla fronte in giù…

TITANIA
Vuoi musica, mio delizioso amore?

BOT
Sì, io ho parecchio orecchio, per la musica.
Mi piacerebbe sentire qualche nacchera e un paio
di triangoli!

TITANIA
Hai fame di qualcosa, mio adorato?

BOT
Di biada crocchiante, certo, e d'avena saporosa, o fieno
fresco… Però, al momento presente, sento piuttosto
una certa inclinazione al sonno…

TITANIA
Sì, dormi, amore mio, tra le mie braccia.
Voi tutti, via! E tutto, intorno, taccia!

(escono le fate,
Titania e Bot si addormentano,
entra Puck)

SCENA VENTISEIESIMA

OBERON
Guarda, folletto, che scena penosa!
Titania abbracciata a questo ciuco...
In verità, comincio a compatirla...
E forse il mio scherzo asinino
è durato anche troppo... È il momento
di togliere l'incanto che le ho fatto.

(spreme il succo sugli occhi di Titania)

TITANIA
Oberon mio! Che incubo ho avuto!
Amavo... amavo una specie di bruto...

OBERON
Eccolo.

TITANIA
Orrore! Ma come ho potuto...

OBERON

Silenzio… Puck, cancella la magia,
restituisci umanità al somaro,
e tu, Titania, fa' una melodia,
che addormenti questa compagnia
profondamente…

TITANIA

E la musica sia!

PUCK

Ciuco, al risveglio, non sarai più ciuco,
ma uomo, se c'è qualche differenza…

OBERON

E ora, insieme, facciamo una danza,
di nuovo amici!

TITANIA

Balliamo e voliamo
intorno al mondo, via, come la luna!

OBERON

E a questi amanti auguriamo fortuna!

(escono Oberon e Titania;
entrano, al suono dei corni, Teseo, Ippolita, Egeo e il seguito)

SCENA VENTISETTESIMA

TESEO

È una giornata splendida, ideale
per fare caccia dentro la foresta!
Liberate i miei cani nella valle!
Ma… guardate, c'è gente, qui, che dorme…

EGEO

Mia figlia, con Lisandro, con Demetrio,
e Elena… Che fanno, qui, insieme?

IPPOLITA

Si sono alzati all'alba, per venire
insieme a noi, a festeggiare maggio.
Ma non è questo il giorno, buon Egeo,
in cui tua figlia sceglierà il suo sposo?

EGEO

È oggi, mia signora.

TESEO

Su, allora,
svegliate questi giovani! Suonate!

(i corni suonano, gli amanti si svegliano, riconoscono Teseo e si inginocchiano)

TESEO

Alzatevi, amici! Come mai
voi, che eravate in grande inimicizia,
vi siete addormentati fianco a fianco?

LISANDRO

Sono così confuso, mio signore!
Non so come io sia arrivato qui…
Ora ricordo! Ci sono venuto
con Ermia, per fuggire via, lontano,
dove sposarci…

EGEO

Senti, mio signore?
Invoco su di lui la tua giustizia!
Volevano fuggire!

TESEO

Tu, Demetrio,
che cosa hai da dire?

DEMETRIO

Mio signore…
fu Elena ad avvertirmi della fuga,
e io, furioso, venni per trovarli,
ed Elena, di me innamorata,
mi corse dietro… Ora, cosa strana,
io non amo più Ermia, la detesto:
ora io voglio Elena, e lei solo
voglio sposare!

TESEO

Bene, ormai è tardi,
non c'è più tempo per la nostra caccia.
Torniamo ad Atene, tutti quanti,
a celebrare in festa queste nozze!

(escono Teseo, Ippolita, Egeo e il seguito)

SCENA VENTOTTESIMA

DEMETRIO

È tutto come un sogno…

ERMIA

Come quando
si vede doppio per l'ubriachezza…

ELENA

Anche per me… E Demetrio mi sembra,
adesso, un gioiello ritrovato…

DEMETRIO
Siamo sicuri che non sia un sogno?
Era davvero, qui, Teseo? E ci ha detto
di seguirlo ad Atene?

ERMIA
Sì, era lui,
e insieme a lui c'era Egeo, mio padre...

ELENA
E Ippolita...

LISANDRO
E a tutti ha ordinato
di seguirlo al tempio...

DEMETRIO
Allora andiamo.
E camminando, ci racconteremo
gli strani sogni che abbiamo sognato...

(escono i quattro amanti, Bot si sveglia)

BOT
Quando tocca a me, chiamatemi! Chiamatemi!
Sono pronto! Ehi! Quincio! Strafame! Dove siete?
Guarda, se ne sono andati tutti e mi hanno lasciato
qui a dormire. Ho fatto un sogno che più strambo
non si può... Mi sembrava di essere... Di avere... Uh!
Terribilissimo! Quincio dovrebbe scriverci una ballata,
sul mio sogno! Anzi, come si dice, uno strambotto,
perché più strambo non si può! E lo canterò alla fine
della recita, per fare più effetto!

(esce)

SCENA VENTINOVESIMA

(entrano Quincio, Fluto e Strafame)

QUINCIO
E non è nemmeno a casa sua?

STRAFAME
Nessuno lo ha visto! Scomparso!

FLUTO
È stato stregato di certo!

QUINCIO
Senza di lui la recita non si può fare: nessuno sa recitare Piramo come lui!

STRAFAME
Sicuro! È il miglior cervello fra gli artigiani di Atene!

FLUTO
E che voce! Che portatura di mento!

QUINCIO
Volevi forse dire "portamento"?

FLUTO
Per l'appuntamento... No, per l'appunto!

(entra Snocchio)

SNOCCHIO

Ah, che grandi nozze si stanno celebrando! Non solo si sposeranno Teseo e Ippolita, ma anche due o tre giovanotti e ragazze!

QUINCIO

Ah, brutto Bot! Si è perso i suoi sei penny di paga! Perché a lui sei penny li avrebbero dati! E a noi almeno quattro!

STRAFAME

Accidenti, accidenti, accidenti a Bot!

(entra Bot)

BOT

Non è questo il modo di chiamarmi, ehi!

QUINCIO

Bot! Bentornatissimo!

STRAFAME

Benvenutissimo!

BOT

Avrei certe cose da raccontarvi, ma ne racconto altre! Tutto là è pronto per la festa! Tutti sono prontissimi allo sposamento… Su, radunate la roba, dai fiocchi dei capelli ai lacci dei sandali, e ognuno ricordi la parte! Sarà una grande recitazione… Tisbe, tu metti mutande pulite, e tu, leone, non tagliarti le unghie, e nessuno di noi mangi aglio o cipolla, mi raccomando, perché bisogna avere l'alito delicato! Vedrete come piaceremo! Basta chiacchiere, ora, andiamo a recitare!

(escono)

SCENA TRENTESIMA

(entrano Teseo, Ippolita, Filostrato e seguito)

IPPOLITA

Strano, il racconto degli innamorati!

TESEO

Davvero strano… Innamorati e pazzi
hanno un subbuglio tale nel cervello
che vedono le cose più impensabili…
Vedono bello il brutto, e si figurano
vaghe realtà in forma di figura,
lucciole per lanterne, e un cespuglio,
per loro, si trasforma in un orso…

(entrano Demetrio, Lisandro, Elena e Ermia)

TESEO
E invece eccoli qui, tutti contenti!

LISANDRO
Onore a voi, signori, e vivi auguri,
per le prossime nozze!

TESEO
Festeggiamo,
allora, in questo tempo, perché passi
velocemente... Che divertimenti
ci hai preparato, dunque, buon Filostrato?

FILOSTRATO
Non c'era molta scelta, mio signore:
in questo tempo, i migliori attori
sono fuori città... Qui ad Atene
resta soltanto una compagnia
di gente rozza, corta di cervello,
gente callosa, senza alcuna grazia,
che ha preparato, pensa, la commedia
di Piramo e di Tisbe.

TESEO
Interessante!
Noi li vedremo volentieri, amici,
e, sono certo, ci divertiremo!
Falli venire!

(esce Filostrato)

IPPOLITA

Che penosa scena,
vedere gente che si sforza invano!

TESEO

No, non invano: li ringrazieremo,
anche per quello che non sanno fare!

(entra Filostrato)

FILOSTRATO

Se la tua grazia ancora lo desidera...

TESEO

Certo, su, avanti!

FILOSTRATO

Miei signori, il prologo!

SCENA TRENTUNESIMA

(entra Quincio, come prologo, e legge)

PROLOGO

Noi siamo qui, signori, per offendere...

LISANDRO

Ha letto "noi" per "non"... Un buon
attore non deve essere anche un buon
lettore...

PROLOGO

... ma per mostrarvi la stupida arte...

ELENA

"Stupida" per "stupenda": una lettura
davvero "stupidenda..."

PROLOGO

... e per narrare la storia di Priamo...

DEMETRIO

Oh, credevamo quella di Piramo...

PROLOGO

... e Tisbe, e del crudissimo muro,
che separava i due infelici amanti...

ERMIA

"Crudissimo?" Che lettura crudele!

TESEO

Forse i mattoni con cui è stato fatto
non erano ben cotti...

IPPOLITA

Su, continua!

PROLOGO

Il prologo è finito.

DEMETRIO

Non "sfinito"?

TESEO

Magari "finto"... Avanti lo spettacolo!

(entra il muro)

MURO

Io sono il muro, e come qui si vede
ho un buco per far passare i bisbigli
fra Piramo e Tisbe...

LISANDRO

E anche il piede!

ERMIA

Un muro molto tenero, vedete?

DEMETRIO

Guardate, arriva Piramo, tacete!

PIRAMO

Notte truce, notte mesta,
notte nera, ahimè, ahimè,
notte funebre e funesta,
la mia Tisbe, qui non c'è!
Dolce muro, amico muro,
dov'è il buco per sbirciare?
Brutto muro, ciuco duro,
il suo volto non appare!

ERMIA

Quel ciuco dovrebbe darti un calcio, Piramo!

PIRAMO
Non può, signora! Alla battuta "il suo volto non appare", deve arrivare Tisbe, e io vederla nel buco… Eccola, arriva!

(entra Tisbe)

TISBE
Caro muro, il mio lamento
spesso tu hai ascoltato,
quando, come lieve vento,
son venuta e ti ho baciato…

PIRAMO
Vedo una voce… Al muro mi metto,
vedo… è Tisbe, amorevole aspetto!

TISBE
Sei tu il mio amore amato?

PIRAMO
Lo sono sempre stato!

TISBE
E io sempre ti amo!

PIRAMO
Dal buco io ti chiamo,
dal buco degli amanti…

TESEO
E che la scena vada un poco avanti…

TUTTI
Noi speriamo!

PIRAMO
Baciami, Tisbe, attraverso il muro!

TISBE
Ti bacio, ma il buco è troppo duro!

PIRAMO
Vediamoci alla tomba fra un momento!

TISBE
Corro alla tomba con cuore contento!

(escono Piramo e Tisbe)

MURO
E adesso che ho fatto il mio dovere,
anch'io, il muro, esco con piacere!

SCENA TRENTADUESIMA

IPPOLITA
Mai visto niente di peggio!

TESEO
Mia cara, del peggio c'è sempre peggio,
guardiamo il resto, e fatevi coraggio!

(entrano leone e Chiardiluna)

LEONE

Gentili nobilissime signore,
voi non dovete avere timore
perché non sono un vero leone,
ma Snocchio, il buontempone!
E se farò un ruggito, non temete,
è finto anche quello, lo sapete!

TESEO

Ecco una belva per bene!

DEMETRIO

Una bestia come si deve!

LISANDRO

Un animale come si conviene!

CHIARDILUNA

E questa mia lanterna
è la luna con due corna.

DEMETRIO

Mettila sulla tua testa, allora:
è lì che le corna hanno dimora!

CHIARDILUNA

... e io sono un uomo nella luna...

LISANDRO

Entra nella lanterna, su, allora!

IPPOLITA

Ma questo strazio, quanto dura, ancora?

TESEO

Se cala come il suo tono, finirà prestissimo...

CHIARDILUNA

Io devo e voglio dire che, alla fine, la lanterna è la luna,
e io l'uomo nella luna...

(entra Tisbe)

TISBE

Ecco la tomba... ma dov'è il mio amore?

LEONE

Ooooaaaarrrrr!

(Tisbe fugge, lasciando il mantello)

SCENA TRENTATREESIMA

DEMETRIO

Ben ruggito, leone!

TESEO

Ben fuggita, Tisbe!

IPPOLITA

Bel chiarore, Chiardiluna!

ELENA
Ben tornato, Piramo!

(il leone esce)

PIRAMO
Ti ringrazio, dolce luna,
per i tuoi raggi solari:
tu mi porterai fortuna
per trovar Tisbe, magari…
Ma che vedo, qui davanti!
Ahi, per me ci sono pianti!
Occhi miei, cosa vedete?
Occhi miei, non ci credete?
Il mantello insanguinato,
niente corpo… divorato…
Lei è morta, e io vivo,
ahi, destino, sei cattivo!
Ahi, terribile dolore!
Vieni, morte, per favore!

TESEO
Sarebbe perfino doloroso, se non fosse comico…

IPPOLITA
Eppure un poco mi commuove!

PIRAMO
Spada esci, infilza il petto,
e il tuo colpo sia perfetto,
qui a sinistra, alla mammella,
dove il cuore mi saltella!

(si colpisce e cade)

CHIARDILUNA

È morto, poveretto, e anche io
fuggo nel cielo, me ne vado, addio!

(esce Chiardiluna)

DEMETRIO

Ahi ahi, è morto! Chi bastoneremo per la recita?

TESEO

Un buon medico potrebbe farlo tornare in piedi…

LISANDRO

Così potremmo dargli la battuta!

IPPOLITA

Ma perché la luna se n'è andata prima che Tisbe torni?

ELENA

Un attore così brillante lo troverà anche al buio!

ERMIA

Eccola: pronti all'ultima scena! Lo vede, lo nota…

TISBE

Dormi, mio amore?
Dormi, mio cuore?
Svegliati, perla!

Svegliati, parla...
Oh, tu sei morto...
Mi hai fatto un torto!
Che cosa guardi
senza più sguardi?
Mano, dolcezza,
senza carezza...
Basta, tacere!
Spada colpisci,
fa' il tuo dovere!
Vita, finisci!

(si colpisce e muore)

TESEO
Chiardiluna e leone seppelliranno il tutto.

DEMETRIO
E anche l'affabile muro.

BOT
Ci sarebbe anche un bell'epilogo, signori, o a preferenza un'allegra danza alla bergamasca!

TESEO
Sciacquiamoci occhi e orecchie con la zuppa allegra, e risparmiateci l'epilogo!

(rientrano tutti gli attori e danzano,
poi escono, al suono della ronda di mezzanotte)

SCENA TRENTAQUATTRESIMA

TESEO

Ecco la mezzanotte: questa è l'ora
di spiriti e fantasmi... A letto, amanti!
Dopo la tragica farsa, il riposo,
il sonno incantevole e amoroso.
Per altre due settimane, ancora,
faremo lieta festa, tutti quanti!

(escono, entra Puck)

PUCK

Rugge il leone arrabbiato,
ulula il lupo alla luna:
il villano affaticato
dorme e russa nella cuna.
Spento è il fuoco,
spento è il gioco,
la civetta strilla forte,
il suo suono sa di morte...

(entrano Oberon, Titania e il seguito)

OBERON

Luce, luce risplendente
sulle fiamme tutte spente!
Elfi e fate, su danzate!
Fate musica, cantate!

TITANIA

E sia allegra la canzone,
sia cantata con passione!

OBERON

Ogni fata, ogni folletto
danzi attorno a questo letto!
E la prole generata
sia per sempre fortunata!
Le tre coppie sian contente,
in amore, lietamente!

(escono tutti tranne Puck)

PUCK

Se per caso vi abbiamo annoiato,
fate conto di avere sognato:
cosa resta, di un sogno, al risveglio?
Canta il gallo, e va tutto già meglio!
Ma se quello che abbiamo imbandito
vi è sembrato un pranzo squisito,
ascoltate da Puck un invito:
un applauso è sempre gradito!

Pene d'amor perdute

Prologo

Se nella seconda storia, a confondere situazioni e personaggi, a complicare i giochi, sono state delle creature d'incanto come gli elfi, in Pene d'amor perdute, *la storia che sta per cominciare, saranno solo uomini e donne in carne e ossa. Gli inganni e gli equivoci, che là erano magici, qui saranno solo, e totalmente, una commedia umana. Il primo inganno, i quattro uomini protagonisti della storia se lo faranno, per così dire, da soli, promettendosi solennemente di isolarsi, di rinunciare a lungo alle gioie del mondo e soprattutto dell'amore. Da questo primo auto-inganno, nasceranno gli altri, in un vortice di situazioni e di azioni da far girare la testa. Un'altra vertigine, nel testo inglese di Shakespeare, era quella del linguaggio, fatto di battute acutissime, arguti giochi di parole, motteggi raffinati: qualcosa ne resta anche in questi versi, che cercano di mantenere, oltre al divertimento delle situazioni teatrali, quello delle parole, della lingua che, muovendosi come una spada di duello, attacca, para e punge.*

Principessa di Francia
Boyet,
lord al seguito della Principessa
Maria
Caterina
Rosalina
signore al seguito della Principessa
Marcade,
messaggero della corte di Francia
Oloferne,
maestro di scuola
Sir Nataniele,
curato

Tignola,
paggio di Armado
Zucca,
bifolco
Ferdinando,
Re di Navarra
Dumain
Biron
Longaville
lord al seguito del Re
Tonto,
ufficiale
Giacometta,
contadinella
Armado,
gradasso spagnolo

SCENA PRIMA

FERDINANDO

Il mio editto, amici, è molto chiaro:
per meritarci gloria e sapienza,
dedicheremo i prossimi tre anni
al solo studio e alla meditazione,
senza distrarci con cose mondane,
frivoli giochi, feste, pranzi o cene,
e, soprattutto, compagnia di donne.

LONGAVILLE

Sono d'accordo, mio Re. I pancioni
reggono teste piccole, e mangiare
ingrassa ossa, ma svuota il cervello.

DUMAIN

Re, sono pronto anch'io.

BIRON

Mio buon signore,
davvero questo editto, questo patto,
ci toglierà la bella compagnia
di piacevoli donne, e ci imporrà
un solo pasto al giorno, e addirittura
un giorno, ogni sette, di digiuno,
e ridurrà, di notte, il nostro sonno
a tre ore soltanto, e proibirà
ogni riposo, ogni sonnellino,
durante il giorno?

FERDINANDO

Sì, buon Biron, questo,
oltre lo studio, è quello che è previsto.

BIRON

Ma studio, mio signore, vuole dire
scoprire quello che ci è nascosto,
e magari proibito. Dunque io
indagherò su come mangiar bene,
o come ci si trova in compagnia
delle graziose donne, e studierò
cosa succede, quando si ha sonno,
a farsi una dormita.

FERDINANDO

Sento, Biron,
che sei davvero molto istruito
nel ragionare contro l'istruzione.

LONGAVILLE

Estirpi il grano, mentre lasci crescere
ogni erba cattiva!

FERDINANDO

Insomma, Biron,
se non accetti queste condizioni,
vattene pure, e addio.

BIRON

No, mio Re,
io resterò con voi, e seguirò
le regole che hai posto, anche quella,
la più crudele, che tiene lontane
da noi le dolci donne, e tuttavia
sarai tu il primo, a trasgredire,
perché è in arrivo, come sai,

la principessa, figlia del Re franco,
fanciulla, a quanto pare, saggia e bella,
in solenne ambasciata.

FERDINANDO
Ahi, l'avevo
proprio dimenticato! Come fare?

BIRON
Qualcosa si farà, mio buon sovrano:
per ora valga la tua proibizione,
che, al massimo, qualcuno violerà...
Ma, sire, io ho sentito che avremo
un personaggio molto divertente...

FERDINANDO
Si chiama Armado, grande parlatore.

LONGAVILLE
Famoso chiacchierone.

BIRON
Prospettiva
che trovo preoccupante... Chi va là?

(entrano Tonto e Zucca)

TONTO
Io vengo qua, signore... Qual è il duca in persona?

FERDINANDO
Eccomi, buonuomo, cosa vuoi?

TONTO
Il signor Arm… Armado vi porge i suoi ormeggi.

LONGAVILLE
Voleva dire omaggi, anche se, essendo Armado,
è in qualche modo una flotta…

TONTO
Ci sono dei malfatti in giro, signore…

DUMAIN
Infatti li vediamo.

TONTO
Questa lettera vi dirà di più…

FERDINANDO
Una lettera del magnifico Armado!

BIRON
Il tema sordido, forbito lo stile…

ZUCCA
Temo di essere io il tema. Io e Giacometta. Il fatto
è che sono stato colto sul fatto.

BIRON
In che modo, Zucca?

ZUCCA
Sorpreso nel maniero, e fuori, mentre mi dedicavo
alle forme di Giacometta in modo non conforme.

FERDINANDO
Sentite: "O gran Vicario, Vicegerente del firmamento

e solo sole di Navarra, divinità terrena dell'anima mia,
e nutriente patrono del mio corpo...".

ZUCCA
Per ora, niente su di me.

FERDINANDO
"Così stando le cose, assediato dalla bruna malinconia,
ho affidato il mio oppresso umor nero al benefico
medicamento dell'aria, in gentilomesca passeggiata:
ed ecco, intorno all'ora sesta, quando le bestie pasturano,
gli uccelli beccano e gli uomini siedono
a cena, m'imbattei in un oscenissimo fatto, scorgendo
un ignobile bifolco..."

ZUCCA
Ahi...

FERDINANDO
"Uno spregevolissimo omuncolo..."

ZUCCA
Ahi ahi...

FERDINANDO
"Un'illetterata, ignorantissima anima..."

ZUCCA
Sono io!

FERDINANDO
"Che si fregia del lusinghiero nome di Zucca..."

ZUCCA
Appunto.

FERDINANDO
"Il quale era associato e collegato, in disobbedienza alle austere regole da te stabilite, con una figlia della nostra ava Eva, cioè una donna..."

ZUCCA
E con chi altro dovevo?

FERDINANDO
"Imperciocché te l'ho inviato, affinché riceva il dono del tuo dovuto castigo dall'agente di tua squisita grazia, il noto Tonto, uomo ben reputato, ben portante e di ottima stima."

TONTO
Questo sono io.

FERDINANDO
"Quanto a Giacometta, la tengo con me, per portarla, al tuo soave accenno, a esser da te giudicata. Con gli omaggi del mio ultradevoto e fervoroso ossequio, Don Antonio de Armado."

BIRON
Mi aspettavo di più, ma fa un bel botto.

FERDINANDO
Uomo, confessi?

ZUCCA

Confesso, mio Re.

FERDINANDO

Il mio proclama stabilisce un anno di prigione a chi sia stato sorpreso con una donna. Ti condanno a una settimana di dieta a crusca e acqua.

ZUCCA

Preferirei un mese di preghiere e brodo di montone.

FERDINANDO

Armado sarà il tuo guardiano. Biron, portagli quest'uomo, e noi andiamo a cominciare quello che abbiamo giurato di fare.

(escono Ferdinando, Longaville e Dumain)

BIRON

Scommetto la mia testa contro il cappello del primo venuto, che questi giuramenti si ridurranno a una beffa. Vieni, gaglioffo!

ZUCCA

Ti seguo, signore, come la penitenza segue il peccato.

SCENA SECONDA

ARMADO
Il mio grande animo è malinconico, mio tenero giovine!

TIGNOLA
Me ne dispiaccio, mio tosto anziano.

ARMADO
Tosto anziano, io?

TIGNOLA
Tenero giovine, io?

ARMADO
Ho usato un congruo epiteto per i tuoi teneri anni.

TIGNOLA
E io lo stesso per i tuoi anni stagionati.

ARMADO
Non così stagionati, se mi accade quel che accade…

TIGNOLA
Cosa ti accade di così poco stagionato?

ARMADO
Mi sono innamorato.

TIGNOLA *(a parte)* In effetti, un fatto, per una corteccia così dura.

ARMADO
Ma poiché la donna è di bassa estrazione, temo che la

cosa sia indegna di me. Perciò consolami e rassicurami con qualche esempio di granduomo che si sia innamorato.

TIGNOLA
Ercole, signore.

ARMADO
Ercole, ma certo! Dimmene un altro, di buon portamento.

TIGNOLA
Sansone: era di gran portamento, dato che portò sulla schiena le porte della città. Anche lui s'innamorò di una semplice donna.

ARMADO
Non esiste anche una ballata che parla di un Re e di una mendicante?

TIGNOLA
Da tre secoli, signore, ma nessuno la canta più.

ARMADO
Bisogna riprenderne l'uso, perché io possa giustificare la mia colpa con un precedente prestigioso... Insomma, io mi sono innamorato della campagnola che ho sorpreso nel parco con quella bestia di Zucca: lei merita di più!

TIGNOLA *(a parte)* Anche di avere un miglior innamorato del mio padrone... Ma ecco venire, fra due brutti soggetti, la soggetta in questione.

(entrano Tonto, Giacometta e Zucca)

TONTO
Signore, il duca vi affida Zucca, che dovrà nutrirsi di crusca e acqua.

ARMADO
Un cibo da porci, a lui conveniente.

TONTO
Quanto a costei, ho ordine di tenerla nel parco, impiegata come lattaia.

ARMADO
Verrò a trovarti nella tua casetta…

GIACOMETTA
Non è lontana, signore.

ARMADO
So dov'è situata, esattamente.

GIACOMETTA
Come siete istruito!

ARMADO
Ti dirò meraviglie…

GIACOMETTA
Con quella faccia?

ARMADO
Ti amo!

GIACOMETTA
È quel che sento.

ARMADO
Addio!

GIACOMETTA
Vi accompagni il bel tempo!

(escono Tonto e Giacometta)

ARMADO
Tu, canaglia, digiunerai per i tuoi delitti!

ZUCCA
Spero che digiunerò a stomaco pieno.

ARMADO
Sarai punito duramente.

ZUCCA
Se la punizione non sarà troppo dura, potrei mangiarmi quella…

ARMADO
Tignola, portalo in prigione!

(escono Tignola e Zucca)

ARMADO

Ahi, io amo la vile terra che la sua vile scarpa, con dentro il suo vile piede, ha calpestato! Ahi ahi, sarò spergiuro! L'amore è un diavolo, ma anche Sansone e Salomone furono tentati, e se la freccia di Cupido ha trafitto la clava di Ercole, ci sono poche speranze per la spada di un nobile spagnolo… Addio, valore! Arrugginisci, spada: colui che ti impugnava è innamorato! Impugnerò una penna, e scriverò volumi di sonetti d'amore!

SCENA TERZA

BOYET

Considera, signora, la missione
che tuo padre, il Re, ti ha affidato.
Avrai di fronte un altro Re, potente
più di ogni altro, e da lui dovrai,
con la sapienza e con la bellezza
che il cielo ti ha dato, ottenere
che vi venga concessa l'Aquitania.

PRINCIPESSA

Mio buon Boyet, la mia poca bellezza
non merita le lodi che le fai:
il suo valore è dato dallo sguardo,
e non dalle parole di un mercante.
Ma ora, dato che tutti sappiamo
che Ferdinando ha deciso di stare
tre anni in studiosa solitudine,
senza incontrare donne, io t'invio
ad annunciargli che la Principessa,

figlia del Re di Francia, è impaziente
di accordarsi con lui, e fa richiesta
di un colloquio personale.

BOYET
Vado.

(esce Boyet)

PRINCIPESSA
Voi sapete quali siano gli uomini,
compagni nello studio solitario,
con Ferdinando?

MARIA
Uno è Longaville.
L'ho conosciuto a una festa di nozze,
in Normandia. È molto stimato,
versato nelle arti e nella spada.

PRINCIPESSA
Chi altri c'è?

CATERINA
Il giovane Dumain,
dalle virtù complete, e benché ignaro
del male che può fare col suo spirito,
può fare grandi danni.

ROSALINA
Un gentiluomo
era con lui a quei tempi: se non sbaglio
il suo nome era Biron, e non ho mai,
nella mia vita, e in decorosi limiti,
trascorso un'ora tanto allegra e lieta.

PRINCIPESSA

Iddio vi benedica, amiche mie!
Dalle parole che avete usato,
credo che siate proprio innamorate
ognuna del soggetto… Ecco Boyet!

(entra Boyet)

Che notizie ci porti?

BOYET

Il signore
già sapeva di voi: ma preferisce
farvi alloggiare fuori dal palazzo,
come una truppa che gli faccia assedio,
piuttosto che ospitarvi fra le mura.
Ma eccolo che viene.

(entrano Ferdinando, Longaville, Dumain e Biron)

FERDINANDO

Benvenuta,
mia bella Principessa.

PRINCIPESSA

Quanto a "bella",
ve lo restituisco, e a "benvenuta",
davvero non lo sono: il soffitto
di questa stanza è troppo elevato
per esser vostro, e l'ospitalità
in mezzo a questi prati è troppo bassa
per esser mia.

FERDINANDO

Ascoltatemi, signora:
io ho fatto un giuramento.

PRINCIPESSA

Dio vi aiuti,
dovrete essere spergiuro.

FERDINANDO

No, non posso.

PRINCIPESSA

Allora, in fretta, date la risposta
che son venuta a chiedere: così
noi ce n'andremo subito, evitando
che voi, invitandoci a restare,
siate spergiuro: ecco il documento.

BIRON

Se non ricordo male, io ho danzato
con te, in Brabante.

ROSALINA

Te lo chiedo anch'io.

BIRON

Certo, abbiamo ballato.

ROSALINA

E perché allora
fai inutili domande?

BIRON

Il tuo spirito
salta e galoppa, ma si stancherà.

ROSALINA
Non prima di aver fatto, impennandosi,
cadere il cavaliere in un pantano.

FERDINANDO
Io leggo qui, signora, che il rimborso
a me dovuto, perché io conceda
a vostro padre l'Aquitania, è pronto:
dunque mi sia dato, e voi potrete,
con le compagne amabili, partire.

PRINCIPESSA
Boyet, paga il dovuto.

BOYET
Mi dispiace,
il plico col denaro è ancora in viaggio,
e arriverà domani.

FERDINANDO
Aspetteremo,
e, dato che non posso, lo sapete,
farvi entrare al palazzo, darò ordine
di prepararvi qui un alloggio degno,
più che a una Regina, alla bellezza:
e sarà tale, cara Principessa,
che pur restando fuori, sarà come
voi foste alloggiata nel mio cuore.
Domani tornerò a farvi visita.

PRINCIPESSA
Buona nottata e buoni sogni, allora!

(esce Ferdinando)

BIRON
Quanto al mio cuore, non lo senti gemere?

ROSALINA
Ha troppo sangue, cavaliere? Svuotalo.

BIRON
Puoi farlo tu: trafiggilo con gli occhi!

ROSALINA
Sì, lo farei, però con un coltello.

BIRON
Buonanotte, assassina.

ROSALINA
Buonanotte,
mio prossimo cadavere…

(esce Biron)

DUMAIN
Chi è
quella dama elegante?

BOYET
Caterina,
erede di Alençon.

DUMAIN
Molto piacente…

(esce Dumain)

LONGAVILLE
Per cortesia, chi è quella signora
con il vestito bianco?

BOYET
Una signora
che ha un solo nome, e volerlo prendere
sarebbe una vergogna.

LONGAVILLE
Di chi è figlia?

BOYET
Di suo padre e sua madre, van dicendo.

LONGAVILLE
Attento a te, francese!

BOYET
È Maria.

LONGAVILLE
Questo mi basta. È così incantevole…

(esce Longaville)

MARIA
Che galli battaglieri!

BOYET
Se son gallo,
lascia che becchi un bacio sul tuo becco!

MARIA
Così sarci becchime?

BOYET
Becco un bacio!

MARIA
Piano, buon gallinaccio: le mie labbra
non sono un prato pubblico, ma un orto
molto privato.

PRINCIPESSA
Basta battibecchi,
teneteli per quei tre nobiluomini...

BOYET
E anche per il quarto, mia signora,
più nobile di tutti...

PRINCIPESSA
Cosa intendi?

BOYET
Se il mio fiuto non sbaglia, ed è infallibile,
Re Ferdinando è infetto.

PRINCIPESSA
Di che male?

BOYET
Di quel malanno che gli innamorati
chiamano amore.

PRINCIPESSA
E da cosa lo vedi?

BOYET

Dal fatto che il suo cuore, la sua lingua,
tutti i suoi gesti e sensi si riunivano,
un po' incespicando, nei suoi occhi
che guardavano te, come preziosi
che vogliono esser visti e acquistati:
occhi gioielli per te compratrice!

PRINCIPESSA

Sei un mezzano e buffone, Boyet!

MARIA

Sei il nonno di Cupido, e dal nipote
hai saputo i segreti.

ROSALINA

Allora Venere
ha preso la bellezza dalla madre,
perché il padre è assai brutto.

BOYET

Ahi, con voi,
non posso averla vinta, mie signore!

SCENA QUARTA

ARMADO

Ecco la chiave, libera quel villano: voglio affidargli una lettera per l'amor mio.

TIGNOLA

Una lettera? Sarebbe meglio una serenata a fior di labbra, con gli occhi al cielo, cantando una nota e sospirandone un'altra, un po' di gola un po' di naso, come per annusare il profumo d'amore, con le mani incrociate sul panciotto, per intrappolare le ragazze, che si lascerebbero intrappolare anche senza tutto questo!

ARMADO

Ti ripeto, porta qui quel villano, per affidargli la lettera.

TIGNOLA

Sarò veloce come il piombo!

ARMADO

Che dici, bimboccio? Il piombo è un metallo pesante!

TIGNOLA

Non quello sparato dal cannone! Volo!

(esce Tignola)

ARMADO

Arguto giovanotto! Oh cielo, col tuo permesso, devo sospirarti in faccia: ma consolati, il mio fiato profuma solo di malinconia. Ah, Giacometta!

(entrano Tignola e Zucca)

TIGNOLA

Ecco una zucca appena colta, signore.

ARMADO
Dire che è colta è un'eresia, anche se "appena"...

ZUCCA
Giocate col mio nome disgraziato?

ARMADO
In effetti, perfino per una zucca è una disgrazia avere
il nome di uno come te, e tuttavia ti voglio affrancare.

ZUCCA
Cioè farmi sposare una francese?

ARMADO
No, fior degli sciocchi: ti voglio liberare.

TIGNOLA
Il che non accade se si sposa qualcuna.

ARMADO
In cambio di tale libertà, porterai questa missiva alla mia forosetta.

ZUCCA
Una dama che si è forata?

TIGNOLA
Il signore è forbito, capra: "forosetta" vuol dire piacente contadina.

ZUCCA
Ora è chiaro, signore furbetto: il suo nome?

ARMADO
Giacometta.

ZUCCA
Ahi!

ARMADO
Che c'è?

ZUCCA
Dicevo, hai altro da farmi fare?

ARMADO
Nulla, fior di zucca. Eccoti una remunerazione.
Ora andiamo, seguimi, Tignola.

TIGNOLA
Come una coda, forbitissimo signore.

(escono Armado e Tignola)

ZUCCA

Vediamo questa ruminazione… Dev'essere una parola latina che vuol dire tre centesimi. S'impara ogni giorno qualcosa.

(entra Biron)

BIRON

Ehilà, buon diavolo! Su cosa vai meditando?

ZUCCA

Sulla ruminazione che mi è stata data.

BIRON

Piuttosto naturale, nelle capre. Ho un incarico per te.

ZUCCA

Lo farò, signore, addio.

BIRON

Ma se non ti ho ancora detto di che si tratta!

ZUCCA

Quando lo farò, lo saprò.

BIRON

Testa di legno, devi saperlo prima!

ZUCCA

Ma che non sia troppo complicato, signore: ne ho già un altro.

BIRON

È facile, gaglioffo. Stasera la Principessa verrà qui a cacciare, e con lei ci sarà una dama, Rosalina: la sentirai chiamare, o chiederai il suo nome, e le darai questo messaggio sigillato. Prendi questo guiderdone.

ZUCCA
Che nomi strani, stamattina. Ruminazione, guirdolone… Ma questo è parecchi centesimi in più, che non sono pochi… Farò tutto a puntino, signore!

(esce Zucca)

BIRON
Eccomi dunque innamorato: io
che ero lo scudiscio dell'amore,
io che perseguitavo e fustigavo
quel fanciullino cieco e capriccioso,
quel nano che ha la forza di un gigante:
quel re dei malcontenti, quel Cupido!
Eccomi al suo servizio, perché amo,
e amo la più astuta, che ha per occhi
pallottole infuocate! Io sospiro,
io veglio e prego per averla! Ahi,
questa è la punizione di Cupido
perché l'ho disprezzato: ora mi tocca
amare, sospirare, corteggiare,
scrivere, aspettare e, ahi ahi, gemere…

SCENA QUINTA

PRINCIPESSA

Eccoci qui, amiche, a fingerci assassine contro dei poveri daini che contro noi non hanno fatto niente…

(entra Zucca)

ZUCCA

Chi è la signora in capo?

PRINCIPESSA

Guarda bene:
è l'unica che ha il capo, dato che
le altre sono delle scapestrate…

ZUCCA

Ho una lettera per una certa signora.

PRINCIPESSA
Io sono una signora di certo. Prendila e leggila, Boyet.

BOYET
Qui c'è uno sbaglio d'indirizzo: non è per nessuna di voi, ma per Giacometta. Ascoltate: "Che tu sia bella, è un'infallibile verità, e che sei bella più della bellezza, graziosa più della grazia: abbi misericordia di me, tuo eroico vassallo! Io potrei comandare il tuo amore, potrei obbligarlo: invece ti supplico, e in attesa della tua risposta abbasso le mie labbra ai tuoi piedi e il mio cuore su ogni tua parte. Don Adriano de Armado".

PRINCIPESSA
Avete mai sentito niente di meglio?

BOYET
Questo Armado è uno strambo spagnolo che vive a corte, per divertimento del Re e dei suoi compagni.

PRINCIPESSA *(a Zucca)* Chi ti ha dato questa lettera?

ZUCCA
Il signor Biron, per la signora Rosalina.

PRINCIPESSA
Hai sbagliato consegna, buonuomo. Conserva questa, Rosalina, e accontentati: riceverai un altro giorno quella spedita a te...

(escono tutti)

SCENA SESTA

(entrano Oloferne e ser Nataniele)

OLOFERNE
Perbacco, ser Nataniele, la Principessa ha abbattuto un daino con un magnifico colpo!

SER NATANIELE
Il colpo era bello, Oloferne, ma il daino era un cerbiatto.

OLOFERNE
Che fa differenza da vivo, ma da morto è solo carne da padella: *caro fricta*, per dirla come il poeta Virgilio.

(entrano Giacometta e Zucca)

GIACOMETTA
Iddio vi premi, signor curato: potete leggermi questa lettera, che Zucca mi ha portato?

OLOFERNE
Virgilio, il buon mantovano! *Fauste, precor gelida quando pecus omne…*

SER NATANIELE
È perso in un'eccitazione da citazione: dai a me la lettera. È scritta in versi. Ascoltate:

Se amor mi fa spergiuro, come giurare amore?
Se non volto a bellezza, non c'è voto che valga,
e, sebbene spergiuro, fidati del mio cuore:
ciò che in me è quercia, tu lo trasformi in alga:

può sciogliere anche il ferro l'amoroso liquore.
Lo studio cambia strada, e nei tuoi occhi trova
il libro in cui sta scritto ogni alto godimento:
se il fine è conoscenza, tu sei la scienza nuova,
la miglior lingua è quella che ti fa complimento.
L'anima che vedendoti non gode è ignorante,
e ammirare te è il mio esclusivo vanto:
tu hai i fulmini di Giove, e la voce tonante,
ma, se ti passa l'ira, sei musica e incanto.
Permetti, o celestiale, che con lingua terrena,
io innalzi al cielo lodi della tua grazia piena.

OLOFERNE

Sei certa, fanciulla, che questa poesia sia diretta a te? Vediamo l'indirizzo… Ah, è Biron, uno dei compagni del Re, che scrive a una dama della Principessa: la lettera ha sbagliato strada… Ragazza, corri, consegna al Re questo foglio!

GIACOMETTA

Volo, vieni Zucca!

(escono Zucca e Giacometta)

OLOFERNE

Noi andiamo, ti invito a cena, collega esimio, dove ti dimostrerò quanto poco valessero quei versi, in confronto a quelli di Virgilio.

SER NATANIELE

E io, a seconda delle argomentazioni portate, o anche solo delle sole portate, mi lascerò convincere!

SCENA SETTIMA

BIRON

Questo mio amore è pazzo come Aiace, che andava in giro ammazzando pecore; invece il mio amore ammazza me. Non voglio amare: se amerò, che io sia impiccato! Ma, ah, i suoi occhi divini, che ormai avranno letto i miei versi che lo zotico le ha portato! Non m'importerebbe di essere innamorato, se anche gli altri lo fossero…
Ma ecco il Re, con un foglio in mano... Stiamo a sentire.

(si nasconde)

FERDINANDO
Ahimè!

BIRON
Un lamento? Bene! Colpisci, Cupido, colpiscilo nel petto, a sinistra, nel giusto posto!

FERDINANDO
Non così dolci baci il sole d'oro
dà ai petali lucenti della rosa,
come i tuoi occhi, raggi che io adoro,
m'asciugano la guancia rugiadosa...

BIRON
Non hai colpito solo me, allora, nano frecciaiolo!

FERDINANDO
Oh oh, arriva Longaville, leggendo e inciampando...

(si nasconde)

LONGAVILLE
Ahi, amata Maria, sono forse io il primo spergiuro?

BIRON *(a parte)* Ne conosco almeno altri due, triumviro della forca amorosa!

LONGAVILLE
Non fu il tuo sguardo, celeste argomento
contro cui il mondo non può argomentare,
a farmi spergiurare il giuramento?
Ma non c'è colpa, per chi vuole amare!

BIRON
Ecco uno che s'accusa e s'assolve da solo! E tre, Cupido!

LONGAVILLE
Chi arriva? Dumain, con un'aria furtiva come la mia…

(si nasconde)

DUMAIN
Ah, divina Caterina!

BIRON *(a parte)* Oh, profanissimo allocco!

DUMAIN
Ah, se il mio desiderio fosse esaudito!

LONGAVILLE *(a parte)* E anche il mio!

FERDINANDO (*a parte*) E il mio!

DUMAIN
Rileggerò i versi che le ho scritto…
Mia bella, ardente fiore,
mio ben fiorito maggio…

BIRON *(a parte)* E avanti con l'amore, dove viltà è coraggio!

LONGAVILLE *(mostrandosi)* Dumain, hai tradito la promessa! Hai ceduto all'amore!

FERDINANDO (*mostrandosi*) Non più di te, Longaville, che poco fa sospiravi e smaniavi leggendo il tuo sonetto per Maria! Ah, se quella lingua tagliente di Biron sapesse di voi due!

BIRON *(mostrandosi)* La mia lingua ha un triplice taglio, signore: poco fa non ti struggevi e tormentavi, leggendo il tuo sonetto alla Principessa? Ognuno di voi vede pagliuzze nell'occhio degli altri due, e non s'accorge del tronco piantato nel suo? Vergogna a tutti e tre, traditori! Quando mai mi vedrete scrivere rime o spasimare per una ragazzotta?

(entrano Giacometta e Zucca)

GIACOMETTA
Una lettera, signore. Il parroco sospetta un tradimento.

FERDINANDO
Noiose cose di Stato, forse… Leggila tu, Biron.

(Biron legge e strappa la lettera)

FERDINANDO
Perché la strappi?

BIRON
Una cosa da nulla davvero, una sciocchezza!

LONGAVILLE
Che però ti ha turbato.

FERDINANDO
E parecchio! Dumain, ricomponi il documento.

(Dumain raccoglie i frammenti, e legge)

DUMAIN

Struggimenti d'amore, mio Re. Scrittura e firma sono del nostro indignatissimo Biron.

BIRON

Confesso, Re!

FERDINANDO

Cosa confessi?

BIRON

Che voi tre sciocchi avevate bisogno di un altro sciocco per diventare quattro! Siamo tutti e quattro borsaioli d'amore! Manda via costoro, e vi dirò di più.

FERDINANDO

Andate, voi due.

ZUCCA

Andiamo, noi onesti, e lasciamo qui i traditori!

(Giacometta e Zucca escono)

BIRON

Cari amici, complici amanti, abbracciamoci! Il sangue giovane non può obbedire agli ordini della vecchiaia! Ragionate un poco: abbiamo giurato di digiunare, ma un giovane stomaco, se non mangia, s'ammala. Abbiamo giurato di studiare, ma quale libro, quale sapienza supera gli occhi e la bellezza delle donne? L'amore è vera scienza, forza, virtù e santità!

FERDINANDO

Per san Cupido, allora, miei soldati, al campo!

LONGAVILLE
Siamo decisi a corteggiare le belle francesi?

FERDINANDO
E conquistarle! Pensiamo a qualche divertimento...

BIRON
Prima portiamole via dalla campagna, poi inventeremo qualche intrattenimento originale, perché canti, balli e allegria precedano la festa dell'amore!

FERDINANDO
Allons, mes compagnons!

LONGAVILLE
Allons!

DUMAIN
Allons!

SCENA OTTAVA

PRINCIPESSA
Mie care amiche, se continuano ad arrivarci doni con questa abbondanza, saremo ricche prima della partenza! Il Re mi ha mandato diamanti da farne un muro, e tante rime d'amore quante stanno su due facciate e i margini di un foglio!

ROSALINA
Anch'io ho ricevuto dei versi da Biron, in cui mi paragona a ventimila belle, non una di meno.

PRINCIPESSA
E tu, Caterina?

CATERINA
Un bel paio di guanti, da Dumain, e un migliaio di versi d'amore fedele: un trattato bugiardo in rime zoppe.

MARIA
A me Longaville ha mandato una collana, e una lettera di mezzo miglio troppo lunga.

ROSALINA
Avresti preferito la lettera più corta e la collana più lunga?

PRINCIPESSA
Noi siamo sagge, a burlarci dei nostri innamorati!

ROSALINA
E loro sono pazzi a comprare le nostre beffe a prezzi così alti! Voglio torturare quel Biron, prima di partire: voglio costringerlo a pregare, supplicare, attendere, spremere il suo ingegno in rime inutili!

PRINCIPESSA
Nessuno è accalappiato meglio di un saggio diventato stolto.

MARIA

La follia dei pazzi è meno pazza di quella dei saggi
che perdono il senno, e mettono tutto il loro ingegno
a dimostrare la virtù della scemenza!

(entra Boyet)

BOYET

All'armi! Preparatevi, signore! Ci sarà presto un attacco
contro la vostra pace!

PRINCIPESSA

Chi ci attaccherà, esploratore?

BOYET

Pisolavo all'ombra d'un sicomoro, quando ho sentito
voci, mi sono avvicinato, ho visto e ascoltato. Il Re
e i suoi compari verranno qui fra poco, travestiti da
russi, o pressappoco, con l'intenzione di parlamentare.
Affideranno a un servo un discorso amoroso generale,
poi ciascuno reciterà il suo blablà d'amore alla sua dama,
riconoscendola dal dono che le ha mandato.

PRINCIPESSA

Anche noi saremo mascherate, nessuno di loro potrà
vederci in faccia. Tu, Rosalina, porterai questo gioiello,
e il Re ti corteggerà scambiandoti per me. Dammi il tuo,
così Biron mi confonderà con te. Anche voi, scambiatevi
i regali!

CATERINA
Cosa vuoi ottenere, signora?

PRINCIPESSA
Vogliono farsi beffe di noi? Renderemo loro pane per focaccia. Sveleranno i loro segreti alle loro false belle, e noi li scherniremo a dovere al prossimo incontro. Non accetteremo di ballare, e volteremo le spalle ai loro discorsi innamorati. La beffa più bella è beffare i beffatori!

(suonano trombe)

BOYET
Ecco le maschere, presto!

(le dame si mascherano. Entrano il Re e gli altri, con Tignola)

TIGNOLA
Salute a voi, bellezze della Terra!

(le quattro gli voltano le spalle)

O sacro gruppo delle dame belle…
delle più belle che abbiano rivolto…
le loro… schiene a uno sguardo mortale!

BIRON
"Rivolto gli occhi", stupido: gli occhi!

TIGNOLA
Degnatevi, voi dame di… degnatevi
di non guardare…

BIRON

Non di "non guardare"
ma "di guardare", mentecatto!

TIGNOLA

Il fatto
è che non mi ascoltano, signore,
e questo mi confonde…

BIRON

Via, imbecille!

(esce Tignola)

ROSALINA

Cosa desiderate, miei signori?

BIRON

Pace e colloquio.

ROSALINA

L'avete ottenuto,
e adesso, addio.

FERDINANDO

Abbiamo viaggiato
per molte e molte miglia, per potere
danzare insieme a voi.

ROSALINA

E quanti passi,
in queste molte miglia, avete fatto,
per arrivare qui?

BIRON

Noi non contiamo
ciò che spendiamo in vostro onore. Dunque
mostrate il volto e, come i selvaggi
fanno col sole, noi lo adoreremo!

PRINCIPESSA

I nostri volti sono solo lune,
molto rannuvolate.

FERDINANDO

Ah, le nuvole
che vi sfiorano il volto, che beate!
Chiediamo una danza, solamente:
non mi par troppo.

ROSALINA

Musici, suonate!
Eccovi la mia mano, ma soltanto
per salutarvi.

FERDINANDO

Via, non siate avara,
diteci il vostro prezzo!

ROSALINA

Che partiate.

FERDINANDO

È troppo alto. Ma se non volete
danzare insieme a me, almeno state
a conversare.

ROSALINA

Un poco, in privato…

(parlano in disparte)

BIRON
Qualche parola dolce, mia signora?

PRINCIPESSA
Zucchero, latte, miele: che altro ancora?

BIRON
Sidro, moscato, dolce malvasia,
posso trovarne cento, se volete!

PRINCIPESSA
Io una sola: "Addio".

BIRON
Piuttosto amara.
Ancora una parola, per favore!

PRINCIPESSA
Però in disparte, loquace signore.

(parlano in disparte)

DUMAIN
Una parola a voi?

MARIA
Ditemi addio.

DUMAIN
Forse, ma prima qualche altra cosa.

MARIA
Sentiamo: c'è una spina in ogni rosa…

(parlano in disparte)

CATERINA
E voi, tacete?

LONGAVILLE
Meglio stare zitto
che, da una lingua acuta, esser trafitto.

CATERINA
Miglior difesa, a volte, è attaccare…

LONGAVILLE
È vero: allora possiamo parlare?

CATERINA
Sì, ma in disparte, come quei duelli
dove è contro la legge duellare…

(parlano in disparte)

BOYET
Guarda come duellano, e ammira
come le lingue-lame femminili
abbiano miglior punta e miglior mira!
Guarda come colpiscono veloci,
con motti arguti, saporiti, atroci!
Poveri moscoviti, che batosta!

BIRON
Basta!

FERDINANDO
Ci arrendiamo!

DUMAIN
Siam finiti!

PRINCIPESSA
Addio per sempre, freddi moscoviti!

(i quattro escono)

ROSALINA
Certo che ne hanno prese delle botte!

MARIA
Forse s'impiccheranno nella notte!

PRINCIPESSA
Quel Biron non faceva che giurare!

ROSALINA
Il Re, poi, non smetteva di implorare!

MARIA
Dumain pregava come un francescano!

CATERINA
Longaville mi mangiava nella mano!

BOYET

Però, non sopportando il disonore,
presto ritorneranno, mie signore,
senza le loro maschere.

PRINCIPESSA

Che fare
se tornano, mostrando i loro volti,
a corteggiarci ancora?

ROSALINA

Mia signora,
ascolta il mio consiglio: continuiamo
a beffarci di loro, lamentandoci
degli sciocchi stranieri.

BOYET

Ecco che tornano!

FERDINANDO

Buona giornata, bella Principessa!

PRINCIPESSA

Non granché buona, se voi ritornate…

FERDINANDO

Siamo venuti per portarvi a corte,
via da questa campagna.

PRINCIPESSA

Non verremo:
noi non amiamo gli uomini spergiuri:
avete rotto il voto.

FERDINANDO

Siete voi,
che per la vostra virtù e bellezza
l'avete fatto rompere. Ed è indegno,
è per noi cosa troppo vergognosa,
farvi restare sole e trascurate!

PRINCIPESSA

Noi, sole? Poco fa, sono venuti
dei gran signori della Russia: molto
gentili e raffinati...

ROSALINA

Mia signora,
quei quattro poveracci non son degni
di cortesi menzogne: in verità,
parlandoci per un'intera ora,
non hanno pronunciato una parola
che avesse senso, o spirito.

BIRON

Mia bella,
è al tuo confronto che qualunque saggio
diventa uno sciocco, come me!
Ormai io sono tuo.

ROSALINA

Tutt'intero?
Compresa quella maschera, l'astuccio
in cui stava nascosta la tua faccia?

FERDINANDO

Siamo stati scoperti!

DUMAIN

Ci conviene
buttarla sullo scherzo e confessare...

PRINCIPESSA

Oh, come siete pallidi! Di certo
è per il mal di mare, che vi ha preso
venendo qui dalla Moscovia!

BIRON

Dunque,
giù dalle stelle cadono flagelli
su noi spergiuri! Eccomi qui, signora:
colpiscimi, trafiggimi: prometto

che non verrò mai più da te con maschere,
con versi o con discorsi: il mio amore
è qui davanti a te, puro e leale!

FERDINANDO
Come il mio, Principessa, è per voi.

PRINCIPESSA
Ahi ahi, signori, quante falsità!

FERDINANDO
Che dite? Pur essendo mascherato,
prima, vi ho dichiarato il mio amore!

PRINCIPESSA
A me?

FERDINANDO
A voi: vi ho riconosciuta
dal mio gioiello.

PRINCIPESSA
Ma non ero io,
che lo portavo: era Rosalina,
e io portavo il suo.

BIRON
Dunque è a voi,
e non a Rosalina, che ho parlato,
dichiarando il mio amore!

MARIA
E Dumain,
per uno scambio uguale, ha dichiarato
il suo amore a me!

CATERINA

E io ho sentito
quanto mi adora Longaville.

BIRON

Qualcuno,
qualche spione, qualche parassita,
qualche lecchino, deve aver sentito
il nostro scherzo, ve lo ha riferito,
e voi, scambiandovi i nostri regali,
ci avete ingannati, e noi abbiamo
dette le nostre parole d'amore
alla dama sbagliata, ricoprendoci,
dopo il nostro spergiuro, di vergogna!

ROSALINA

Direi ben meritata.

FERDINANDO

Chi arriva?

BOYET

Un messaggero. È monsieur Marcade,
e viene dalla Francia.

PRINCIPESSA

Buon Marcade,
che messaggio ci porti?

MARCADE

Mia signora,
quello che non vorrei: vostro padre,
il nostro Re, è morto, e questo è tutto.

FERDINANDO
Come state, Maestà?

PRINCIPESSA
Boyet, prepara
quello che occorre: stasera partiamo.

FERDINANDO
Vi imploro, non partite!

PRINCIPESSA
Dal profondo
del mio fresco dolore, vi ringrazio
delle vostre attenzioni, e mi scuso
dei nostri scherzi e delle cattiverie,
che non meritavate.

FERDINANDO

Il dolore
non vi allontani dall'amore.

PRINCIPESSA

Noi
abbiamo ricevuto i vostri doni,
le lettere e i discorsi, e li abbiamo
considerati scherzi.

DUMAIN

Non lo erano.

LONGAVILLE

E non erano scherzi i nostri sguardi.

BIRON

Erano seri contratti d'amore.

PRINCIPESSA

Quanto a contratti, allora, ascoltate
le mie parole, cui il nuovo dolore
dà serietà e lealtà: se voi andrete
in un convento, e vi rimarrete
per un intero anno, in solitudine,
lontano da ogni svago, a meditare,
e se, alla fine, ancora mi vorrete,
io sarò vostra.

FERDINANDO

Sarà un lungo anno,
senza vedervi, ma accetto la prova,
e son più certo di volervi ancora,
quando sarà trascorso, che il sole,
dopo la notte, si rinnalzi in cielo.

BIRON
Tu, Rosalina?

ROSALINA
Se tu, per un anno,
starai al capezzale dei malati,
io mi prometto a te.

BIRON
Non solo cure,
ma anche l'allegria io darò loro,
pensando al tuo amore.

LONGAVILLE
Tu, Maria?

MARIA
Fra un anno, se tu sarai virtuoso,
forse sarò tua sposa.

LONGAVILLE
Basta un forse,
a una speranza grande.

DUMAIN
Caterina?

CATERINA
Lo stesso patto, e lo stesso premio.

DUMAIN
Un anno, e dopo la felicità.

PRINCIPESSA
Ecco, son stretti i patti, ora partiamo.

(entra Armado)

ARMADO

Informato, signora, della vostra indesiderata ma indefettibile partenza, vengo a baciare il vostro dito regale, annunciando che, sulle orme di questi gentiluomini, anch'io ho fatto promessa alla mia adorata Giacometta di tirare l'aratro per amor suo per tre anni.

BIRON

Così, per uno o tre anni, ognuno ha il suo daffare.

ROSALINA

E, finita la commedia, è il momento di uscire: noi di qua, voi di là.

Per saperne di più

Chi era Shakespeare?

Shakespeare è il poeta e drammaturgo più celebre al mondo, vissuto a cavallo tra il 1500 e il 1600. La sua identità è un mistero, perché non esistono documenti precisi sulla sua vita. C'è perfino chi suppone che William Shakespeare, nato a Stratford-upon-Avon, non sia neanche esistito, ma che quello fosse lo pseudonimo di qualche personaggio in vista.

I registri dell'epoca testimoniano però che è esistito veramente, terzo di otto figli di John e Mary Shakespeare. Lasciò la scuola molto presto per cercare lavoro e a soli diciotto anni si sposò con una donna più grande di lui, Anne Hathaway, con cui visse tutta la vita e da cui ebbe tre figli. Nel 1588 si trasferì a Londra. Presto divenne un drammaturgo molto rispettato, conobbe fama e ricchezza e le sue opere furono rappresentate anche alla corte di Elisabetta I.

Oltre a essere l'autore di applauditissime opere teatrali e poesie, fu anche il fondatore della compagnia teatrale *The King's Men*, e uno dei proprietari del *Globe*, un teatro all'aperto in grado di ospitare centinaia di persone nonché il più famoso dei teatri elisabettiani.

Poemetti, sonetti, testi teatrali sono il tesoro letterario che ci ha lasciato in eredità e tra cui spiccano per bellezza la tragedia *Romeo e Giulietta* e le commedie *Sogno di una notte di mezza estate* e *Pene d'amor perdute*. Una delle frasi più belle e conosciute di Shakespeare è pronunciata da Prospero, protagonista della *Tempesta*: "Noi siamo della materia di cui sono fatti i sogni e la nostra breve vita è cinta di sonno".

Il teatro siamo noi

In greco la parola *théa* significa "vista". Il teatro siamo noi, che guardiamo vivere altre persone come noi, impegnate nell'umana avventura. Andare a teatro è un po' come andare al cinema, con la sola differenza che vediamo in diretta e dal vivo!

Concretamente, il teatro è un luogo pubblico, costituito da edifici chiusi o all'aperto, diviso in due parti: la platea per gli spettatori che guardano e ascoltano, e la scena o palcoscenico per gli attori che recitano.

La scena è un luogo un po' magico perché gli attori spesso recitano come se nessuno li stesse guardando. Si dice allora che tra loro e chi assiste si erge la *quarta parete*, un muro immaginario e trasparente che permette agli spettatori di spiare, non visti, storie di altri uomini. Quando invece gli attori si rivolgono direttamente al pubblico è come se sfondassero la quarta parete, spinti dall'urgenza di comunicare fatti o sentimenti che aiutino a capire quello che sta succedendo in scena.

Tragedia e commedia

Il teatro appartiene all'insieme dei generi letterari (poesia, romanzo, teatro, saggistica, giornalismo) e, al suo interno, ne comprende altri due, che si distinguono in base alla reazione emotiva che suscitano negli spettatori.

Se una vicenda è divertente e fa ridere, si parlerà di *commedia*; se è triste e invita alla riflessione, si chiamerà *tragedia*. *Romeo e Giulietta* è una tragedia perché racconta la storia di due giovanissimi innamorati che, per un odio antico tra le loro due famiglie di Verona e per malaugurati equivoci, muoiono dopo un solo giorno di nozze. Non che nel corso della tragedia non vi siano momenti di allegria, ma servono a contrastare la cupezza del finale violento. Viceversa, *Sogno di una notte di mezza estate* e *Pene d'amor perdute* sono storie divertentissime in cui anche le eventuali sofferenze dei protagonisti risultano comiche, di qui la denominazione di commedia.

Noi distinguiamo tragico e comico per meglio comprendere l'atmosfera in cui si svolgono le storie dei personaggi sulla scena, tuttavia, dal momento che la scena è la rappresentazione della realtà, dobbiamo sempre aspettarci che i due generi si alternino nella stessa opera o, addirittura, si fondano in un unico genere, il *tragicomico*, che esprime molto bene la complessità della condizione umana. Ad esempio, vedere qualcuno che cade può farci ridere, ma se, allo stesso tempo, ci mettiamo a riflettere sull'uomo che è caduto e magari si è fatto male, nasce un nuovo sentimento più o meno tragico. Oppure pensate ai clown: loro sono tragicomici per eccellenza, perché fanno ridere e commuovere allo stesso tempo.

Opera, balletto, musical, teatrodanza, improvvisazione

Le forme in cui si esprime il teatro sono numerose.

Nell'*opera* l'azione teatrale si sviluppa attraverso il canto e la musica suonata da grandi orchestre. I testi, detti *liriche*, sono molto poetici e sono pensati appositamente per accordarsi alle musiche. I compositori italiani sono tra i più famosi al mondo, in particolare Giuseppe Verdi, che sviluppò un'opera vigorosa, ricca di tensioni drammatiche.

Nel *balletto*, invece, l'azione è rappresentata dalla danza, che segue una coreografia ed è accompagnata dalla musica. Molto famoso è il balletto *Giulietta e Romeo* di Sergej Prokof'ev.

Il *musical* è uno spettacolo che prevede l'utilizzo di recitazione, musica e danza moderna – differente dalla classica perché le ballerine non sono obbligate a stare sulle punte. Il musical è quindi una specie di opera moderna.

Nel *teatrodanza* il confine tra le varie forme espressive non esiste quasi più. Si recita, si balla con e senza punte e, a volte, si canta.

Infine, a teatro esiste anche la possibilità di improvvisare, ovvero di recitare senza aver studiato a memoria la parte ma avendo in mente un *canovaccio*, cioè la trama di un racconto. L'*improvvisazione* è alla base del teatro e la sua efficacia dipende dalla bravura e dalla prontezza di spirito dell'attore che, in alcuni casi, arriva anche a dialogare col pubblico, come facevano gli antichi saltimbanchi girovaghi che si fermavano nelle piazze dei paesi e, alla fine dello spettacolo, raccoglievano in un cappello le offerte degli spettatori che si radunavano intorno a loro.

Testo, copione, soggetto, riscrittura

All'origine ci fu un'idea che si tradusse in parole ben disposte, il *testo*... ma il testo può essere scritto in tanti modi e prendere varie forme.

Il testo teatrale è scritto in forma di *dialogo*, ovvero *battute* recitate tra due o più personaggi, o *monologo*, se il discorso è tenuto da un solo attore, che si rivolge a se stesso o ad altri. Oltre alle battute, il testo prevede anche le *didascalie*, brevi indicazioni sull'entrata e l'uscita dei personaggi, le azioni da loro svolte e i loro stati d'animo.

Per lavorare durante le prove, bisogna che tutti i partecipanti allo spettacolo ne abbiano una copia, quindi non solo gli attori, ma anche il regista, l'assistente, il tecnico delle luci, il suggeritore... ed ecco il *copione*, il testo affidato alla compagnia!

Il copione è un testo battuto al computer e stampato su fogli grandi, in modo che si possano prendere appunti ai margini delle pagine, tipo i movimenti dei personaggi, il cambio luci o gli interventi musicali. Alla fine del lavoro il copione è pieno di note, segni, cancellature.

Un'altra cosa è il *soggetto*. Nell'analisi logica, è la parte principale della frase, in ambito cinematografico, è ciò di cui si parla, l'argomento principale, e si può riassumere in poche parole. Ad esempio, sia in *Sogno di una notte di mezza estate* che in *Romeo e Giulietta*, il soggetto è un amore contrastato, anche se poi trama e finale sono diversi. Il primo sarà a lieto fine, il secondo finirà in tragedia.

Se un testo è di difficile comprensione, per renderlo più accessibile e facilitarne la lettura, si lavora a una *riscrittura*: una nuova stesura dell'opera originale che prevede una rielaborazione della trama e una semplificazione del linguaggio.

Chi è il regista?

Il *regista* è il responsabile della regia, è l'artista che cura, dirige e guida le attività rivolte all'esecuzione di uno spettacolo teatrale, sia questo un'opera lirica, un musical o un film. Il regista è un po' come un Re, che impone una sua interpretazione critica del testo e dirige la recitazione e molteplici altri elementi, come i costumi, gli arredi, le luci, i suoni.

Il regista, ad esempio, dà indicazione agli attori su come recitare, come intonare le battute, come muoversi, come entrare e uscire dal palcoscenico.

Il regista stabilisce in che epoca ambientare la storia e si consulta con i propri collaboratori: assistente, scenografo, tecnici della luce, del suono e costumista. Questi curano l'insieme dell'allestimento, progettano forme, colori, musiche dello spettacolo e trasformano in realtà le fantasie del regista.

Un bravo artista lavora in armonia col suo gruppo, ha

un'immaginazione non imbrigliata, si consulta e chiede consiglio ai suoi collaboratori, anche se poi decide da solo, assumendosi la responsabilità della propria regia, cioè del proprio punto di vista o *sguardo*.

Gli attori: protagonisti e comparse

Attore significa "persona che agisce". L'attore teatrale si muove, parla e dialoga con i suoi compagni sul palco come se quello che dice e fa fosse reale e, in un certo senso, in quel momento lo è. Ma come funziona il gioco della finzione? Un attore che interpreta l'innamorato respinto deve fingere di soffrire moltissimo e, magari, gli tocca anche versare qualche lacrima... Tutto ciò deve risultare credibile per il pubblico e perché questo avvenga l'attore deve immedesimarsi il più possibile nella situazione, sentirsi *veramente* travolto dal dolore.

Interpretare una parte, ovvero essere attore, significa quindi *mettere "in atto" la finzione*. Saper fingere in modo veritiero è un po' un talento innato, ma è anche un'arte che si impara. Ai tempi di Shakespeare gli attori uomini sostenevano anche le parti femminili, alterando la voce e truccandosi con cerone e parrucche perché alle donne non era concessa l'arte scenica, giudicata immorale.

Esistono scuole, le *accademie*, dove l'arte della finzione diventa una materia di studio, la *recitazione*. Nel nostro Paese ce ne sono molte e per accedervi bisogna superare una selezione molto severa. Una volta diplomati, giunge il momento di procacciarsi il lavoro e qui la cosa si fa complicata... Bisogna presentarsi ai provini, che sono pubbliche esibizioni, e lì dare prova delle proprie capacità al fine di farsi conoscere dai registi ed entrare a far parte di una compagnia teatrale, di un cast televisivo o cinematografico. Gli esami non finiscono mai per gli attori, che sono esposti al giudizio del pubblico.

Il *protagonista*, ovvero il primo attore, è colui che sostiene sulla scena la parte del personaggio principale; coloro che invece hanno parti di minore entità e importanza per la narrazione sono chiamati *personaggi secondari*; le *comparse* di solito appaiono sulla scena, isolate o in gruppo, senza prendere la parola.

Scenografia e musica

Lo spazio teatrale si divide in due parti: la *platea*, destinata agli spettatori, e lo *spazio scenico*, per gli attori. Lo spazio scenico può essere allo stesso livello della prima fila dei posti a sedere, come negli antichi anfiteatri, oppure su un palco o praticabile che si chiama, appunto, palcoscenico.

La scena in genere viene allestita dallo *scenografo*, che, insieme al regista, deve immaginare in che modo ambientare la storia. Spesso le indicazioni scenografiche sono già contenute nel testo, ma lo scenografo e il regista possono decidere di modificare queste indicazioni, attualizzando la vicenda o rielaborando secondo il gusto o l'immaginazione alcuni elementi dell'ambientazione. La tragedia *Romeo e Giulietta*, ad esempio, si svolge nella Verona del 1500, ma si potrebbe rappresentare anche ai giorni nostri, trasportando la storia tra popoli che attualmente si odiano o tra bande mafiose, come ad esempio nella versione cinematografica di Baz Luhrmann.

La scenografia è fondamentale per far capire al pubblico dove e quando accadono i fatti. A volte può essere *realistica*, ossia avere una connotazione che riproduce fedelmente un ambiente, interno o esterno; altre può essere *simbolica*, ossia servirsi di oggetti che evocano un'idea, un'emozione, un concetto di difficile espressione. Il simbolo è un segno, un colore, una figura che tutti riconoscono. Le squadre di calcio, ad esempio, sono simboleggiate da uno o più colori, il nostro Paese dalla bandiera tricolore, l'amore da un cuore rosso, il cattivo umore si dice anche "umor nero", ogni religioni ha il suo simbolo.

E la musica? Anche l'*aspetto musicale* riveste un ruolo importantissimo nella messinscena di uno spettacolo o nella realizzazione di un film. Pensiamo all'opera, in cui i protagonisti della vicenda dialogano cantando accompagnati da grandi orchestre, o al musical, in cui le melodie sottolineano tutti i momenti più importanti della storia, o agli effetti sonori dei film e dei cartoni animati.

La musica in teatro può essere realizzata *dal vivo* o *registrata*. Dal vivo l'effetto è più coinvolgente. Gli strumenti, suonati dai musicisti in carne e ossa, vibrano insieme alla vicenda e comunicano un senso di calore agli spettatori, che diventano partecipi e non solo spettatori dell'evento. Quando si utilizza la musica registrata, in genere si affida a un consulente musicale il compito di affiancare il regista nelle scelte non facili di melodie o effetti sonori che esaltino il racconto. Se il sottofondo di una storia è solo un *rumore*, sarà allora compito del rumorista realizzare il rumore dei passi, delle porte che si aprono e chiudono, il rombo di un temporale o del traffico che impazza...

Trucco e costumi

In teatro tutto sembra reale, spontaneo, invece è frutto dell'artificio, è una magia che prende vita sotto le luci potentissime dei riflettori. Allora servono "trucco e parrucco", come si dice in gergo. Un tempo, per esaltare l'espressività del volto, si usava il "cerone", una pasta spessa e bianca che veniva stesa sulla pelle, rifletteva le luci e dava l'effetto di luna piena in una notte limpida. Ora abbiamo fondotinta più leggeri, che non danneggiano la pelle, matite per gli occhi, rossetti e ciglia finte, parrucche di tutti i generi e per tutte le epoche.

Dalla testa in giù, copricapo compreso, interviene il *costumista*, che, a seconda dell'ambientazione dello spettacolo o del film, storica o fantastica che sia, disegna gli abiti per gli attori.

Per entrare nei panni di un personaggio, l'attore deve abituarsi al proprio costume come a una seconda pelle. Accostumarsi? La parola un po' antiquata significa "abituarsi": una ragazzina che normalmente vive in scarpe da tennis e jeans dovrà cambiare le sue abitudini se vorrà interpretare una Giulietta del 1500 o la Regina delle fate! Un abito lungo e sfarzoso richiede un portamento elegante. E anche per un ragazzo, indossare un cappello a cilindro o un frac non è come infilarsi una felpa e un berretto. Gli attori esigono costumi e scarpe di scena durante le prove per potersi esibire con disinvoltura sul palco. I costumi devono essere "vissuti" come certi nostri indumenti preferiti.

Si dice che l'abito non fa il monaco, ma in teatro spesso il costume contribuisce a dar verità e credibilità al personaggio.

Le prove e la prima

Quando si decide di mettere in scena un'opera teatrale, bisogna calcolare un tempo ragionevole in cui il testo possa venire letto, memorizzato e *provato*. In questa fase, si stampano tanti copioni quanti sono i personaggi, ma la prima lettura la fa il regista, che spiega agli attori il suo *punto di vista* e come desidera che gli attori interpretino i caratteri loro affidati.

Un personaggio è come un abito nuovo: va indossato tutti i giorni perché prenda la forma di chi lo indossa. Così come l'abito si adatta alla forma umana, allo stesso modo chi lo indossa si trasforma, assume un comportamento particolare. Questo avviene gradualmente, ma inesorabilmente.

Nessuna ragazza vorrebbe morire come Giulietta e tuttavia dovrà fingere di morire. Finge? Certo! Il teatro è *finzione*, ma il sentimento no, quello deve essere sincero, altrimenti nessuno crederà alla finzione. Bisogna *immedesimarsi* in quello che si fa, come se fosse vero. È il "come se" che è difficile. E per immedesimarsi, creare situazioni interessanti e dar vita al testo, ci vuole tempo.

Anche perché, una volta che si è deciso quali saranno i gesti e i movimenti che accompagneranno le parole, e quali i sentimenti che dalle parole dovranno prender vita, il tutto andrà fissato e ripetuto sempre allo stesso modo per essere sicurissimi di non sbagliare. La naturalezza è il frutto di un lungo e paziente lavoro, di gesti ben ponderati, sempre calcolati ma allo stesso tempo verosimili.

La sera della *prima*, o *debutto*, quando le prove sono terminate e lo spettacolo è pronto per essere rappresentato, è il momento del raccolto: il pubblico, si spera, riderà, sorriderà, si commuoverà e riconoscerà la bravura del gruppo composto da autore, attori, regista, scenografo, costumista e musicisti con un lunghissimo applauso.

A.B.

Anna Bonel è nata a Pavia. Diplomata all'Accademia dei Filodrammatici di Milano, ha lavorato per anni in teatro e come doppiatrice. Dopo aver condotto numerosi laboratori creativi ha fondato la scuola di recitazione per bambini Teatripiccoli e l'associazione Arcaduemila, con sede nel Teatro LabArca di Milano.

PROVA D'ACQUISTO
978-88-04-67774-1
Shakespeare in versi